TORNADE

MARCHIALY

Éditions Marchialy,
Une maison créée
et dirigée par
Clémence Billault
et Cyril Gay
8, rue
Léon-Jouhaux
75010
Paris
www.editions-marchialy.fr

TORNADE

SIMON FICHET

À LA POURSUITE DU MONSTRE DES PLAINES AMÉRICAINES

MARCHIALY

À Alex, pour m'avoir emmené,

À Lætitia et Matthieu, pour nous avoir ramenés.

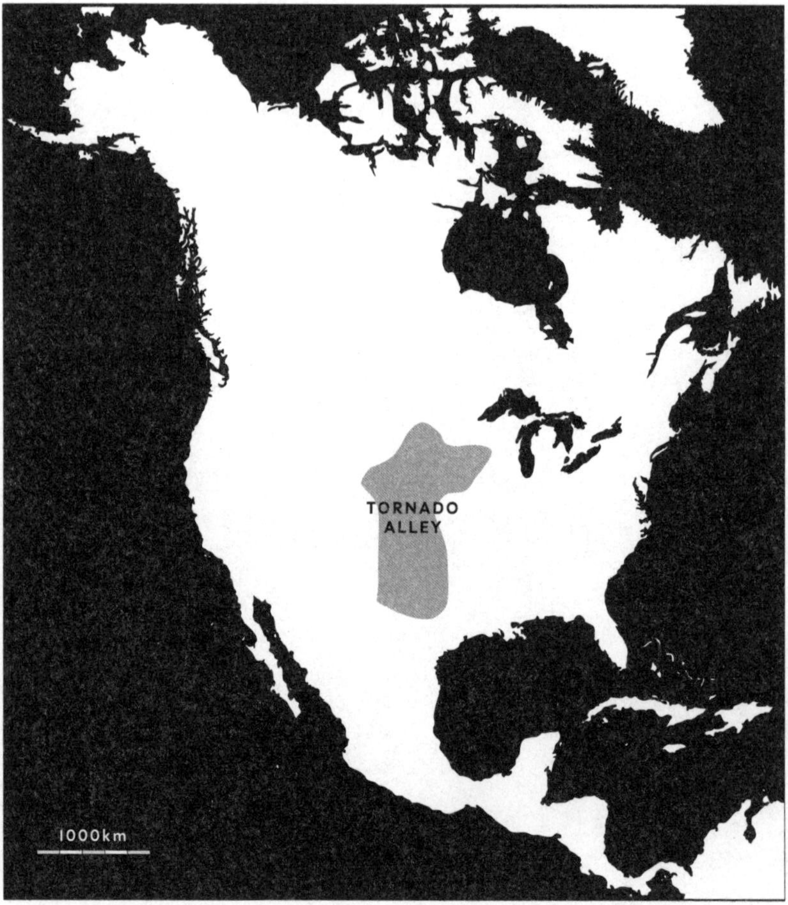
TORNADO
ALLEY
1000km

LES TROIS RÈGLES DE LA TORNADO ALLEY

Ne jamais chasser un orage dans
une zone boisée.

Ne jamais chasser dans une zone
riche en lacs et rivières.

Ne jamais chasser dans une zone
avec un faible réseau routier.

L’orage oublie qui le traverse.

Les Transparents
René Char

PROLOGUE

Nous foncions sur la ligne droite à travers les Grandes Plaines. Dans mon rétroviseur, le ciel était bleu ; devant, tout était noir. La tempête nous tendait les bras et nous accourions, impatients de pénétrer sa chaleur, sa pluie, sa grêle, ses rafales, obsédés par le démon caché en son sein, que nous chassions depuis douze jours et qui nous fuyait. Déjà, les premiers éclairs fulguraient, le tonnerre grondait. Par ma vitre ouverte, une brise trop fraîche pour le mois de mai glissait sur ma nuque et filait vers l'imbroglio d'herbes folles, de cactus et de mesquites qui s'étalait jusqu'à l'horizon. Comme dans les westerns, des tumbleweeds roulaient sur les étendues sauvages, ballottés par le vent, errant sur la longue terre américaine. Je les enviais. J'aurais voulu filer moi aussi, sans me retourner, empêcher mes yeux fatigués de virevolter dans toutes les directions, au ras du sol, à la recherche d'un nid, d'un abri où nous réfugier lorsque le pire adviendrait. J'avais peur, oui, mais je me résignais comme tant d'autres avant moi ; il fallait continuer, braver les éléments et leurs ténèbres moites, traverser le chaos, repousser la raison, approcher cette furie dont nous ne connaissions ni la taille ni la puissance et arracher à son éphémère existence quelques secondes d'éternité, une poignée d'images salvatrices qui nous permettraient d'en finir avec cette histoire.

1

Dieu ! Dieu est contre toi,
vieillard ; renonce à ton projet.
C'est un mauvais voyage mal
commencé, mal poursuivi.
Laisse-moi brasser carré
pendant qu'il en est temps,
vieillard, et prendre le vent
favorable du retour chez nous
en faisant un meilleur voyage
que celui-ci.

Moby Dick,
Herman Melville

FLYING FISH

15 MAI 2015
PARIS, FRANCE

Il fait froid, il pleut. Mauvais augure. Je traîne des pieds. Alex m'attend, assis en terrasse, le sourire aux lèvres. Il a déjà fumé dix clopes, je pense, et tente de se convaincre lui-même en m'assurant que ça va bien se passer : « Tout est calé, ne manque plus qu'une bonne grosse tornade. »

On part demain. Je préfère ne pas y penser. J'aimerais que la discussion dévie vers d'autres sujets, mais il est en boucle. Je me tais, commande un croque-madame. Dégueulasse. Je n'ai pas très faim de toute façon.

Une heure plus tard, chez le loueur d'équipement vidéo, j'ai mal au ventre. Je ne sais plus où donner de la tête, la table de préparation est recouverte de matériel, ça me fout le tournis. Jamais je n'en ai commandé autant : deux caméras, deux appareils photo, huit objectifs, trois GoPro, quatre paires de micros HF, 40 cartes mémoires, 100 piles LR6, deux trépieds et autant d'accessoires. Les conditions météo que nous allons affronter s'annoncent terribles, j'ai tout pris en double. Faut prévoir la casse, ce n'est pas au fin fond des États-Unis qu'on trouvera des pièces de rechange.

Toute cette affaire commence six mois plus tôt quand France 2 décide de nous envoyer, Alex et moi, tourner un reportage à Ferguson dans le Missouri. Des émeutes viennent de se déclencher après l'annonce de la non-inculpation d'un policier blanc pour le meurtre d'un jeune Noir et, selon notre rédacteur en chef, c'est l'endroit « où il faut être ». Les chaînes d'information diffusent à longueur de journée des images de voitures en flammes, de boutiques saccagées et d'habitants défiant la police – images rares aux États-Unis – et je m'y trouve moi-même projeté quelques heures plus tard. Expérience fascinante. Malgré la colère des manifestants, la raideur de la garde nationale et les angoisses des braves Américains retranchés dans leurs propriétés, fusils d'assaut à la main, le tournage se passe bien.

Ce n'était pas gagné d'avance : Alex et moi nous connaissions depuis dix ans – nous étions dans la même promo à l'école de journalisme, mais n'étions pas amis. Dans ses mauvais jours, il affichait une arrogance et une ambition crasses, héritées de son éducation bourgeoise et de ses années Sciences Po, qui me le rendaient antipathique. Son père était un notable du Loiret, un homme à poigne, au verbe haut, peu ouvert aux faiblesses et aux atermoiements, qui lui avait bien fait comprendre qu'en marchant dans ses pas il irait loin. Il était aussi sorti avec mon ex, ce qui n'arrangeait rien. L'école de journalisme terminée, nous avions bourlingué dans des rédactions différentes, BFM TV pour lui, TF1 et France 5 pour moi, avant d'atterrir au même moment dans la même émission, *13 h 15 le samedi, 13 h 15 le dimanche* sur France 2. Lors de ce tournage à Ferguson, je découvre un homme plus nuancé, plus sensible et incertain, ouvert à la compassion, aux gens d'origine modeste, aimant comme moi le travail bien fait, les pintes de café et les pizzas pepperoni.

De retour à Paris, il évoque le sujet d'un prochain reportage : suivre des chasseurs de tornades au cœur des Grandes Plaines américaines, son rêve de gosse né de sa fascination pour *Twister* – blockbuster des années 1990 que je n'avais pas vu – et d'une expérience orageuse quasi mystique alors qu'il se baignait sur une plage de l'île de Ré. Il me propose de le tourner avec lui et j'accepte sans hésiter, heureux de repartir aux États-Unis bientôt.

Pendant de longues semaines, le projet est suspendu à l'approbation de nos chefs : envoyer deux gars de l'autre côté de l'Atlantique tourner un reportage sur un phénomène éphémère et dangereux avec l'argent du contribuable demande réflexion. Les attentats de janvier 2015 repoussent la décision. Alex est réquisitionné pour un hypothétique portrait de Bernard Cazeneuve, et on m'envoie en Grèce couvrir les élections législatives. Février puis mars passent, toujours rien.

Un soir, seul chez moi, par curiosité ou par ennui, je tape « tornade » dans mon moteur de recherche. Des centaines de vidéos s'affichent sur mon écran. Je zappe frénétiquement de l'une à l'autre pendant une heure avant de décrocher, mal à l'aise. Ces monstres de vent, de poussière et de débris sont bien plus voraces que je ne le pensais et s'attaquent à tout ce qui se dresse sur leur passage : arbres, poteaux, garages, maisons. Chaque nouvelle vidéo me plonge dans une angoisse viscérale, j'imagine une bouche immense m'avaler, me broyer et me recracher en petits morceaux. Pour certains, la tornade est un couloir, une porte vers une autre dimension où se cache la révélation, la sagesse ou un pays merveilleux – Dorothy n'arrive-t-elle pas au pays du magicien d'Oz en passant dans un vortex ? Mais pour moi, la tornade représente le prédateur ultime, l'assassin parfait, l'exécuteur des hautes œuvres de la Nature; la mort sans objet, sans conscience, sans projet, la mort non coupable.

Je découvre aussi que se tiennent souvent à leur pied des types un peu fous dont la passion singulière se résume à les approcher, à les photographier et à les filmer sans se faire tuer, des chasseurs de tornades, ou *storm chasers* en anglais, geeks en mal de sensations fortes qui trouvent dans cette activité un bon moyen de briller et de faire le buzz autour d'eux. En fouillant sur Internet, je découvre qu'ils forment une communauté internationale forte de plusieurs centaines de milliers d'adeptes, avec ses codes et ses stars. Parmi eux figurent David Hoadley et Neil B. Ward, les pionniers, qui se sont lancés aux trousses des tornades dans les années 1950, sans simulations météorologiques, ordinateurs, ni téléphones portables et au volant de vieilles Oldsmobile 88; puis viennent Jim Leonard, Tim Marshall, Howard Bluestein, Chuck Doswell, Tim Samaras, les premiers chercheurs à avoir officiellement étudié le phénomène dans les années 1970. Le nombre de *storm chasers* explose ensuite avec le succès de *Twister*, la multiplication des caméscopes – n'importe qui peut alors filmer une tornade près de chez lui – puis l'arrivée d'Internet. Plus récemment, deux chasseurs ont beaucoup fait parler d'eux, Sean Casey et Reed

Timmer, chacun ayant réussi à pénétrer au cœur d'une tornade grâce à des véhicules blindés « faits maison ».

Début avril, un midi, Alex m'appelle pour m'annoncer que c'est bon, nous partons. Le sourire que j'entends alors dans sa voix est inversement proportionnel au mien et je comprends que je ne veux plus y aller, j'ai accepté trop vite, j'ai peur. Il me parle sans interruption, m'explique le programme des festivités, les milliers de kilomètres que nous allons parcourir, me conte les orages dantesques, les grêlons gros comme des boules de pétanque, les foudres majestueuses, mais je n'écoute pas ; mon cerveau, envolé par la fenêtre de mon appartement, glisse déjà au-dessus des toits de Paris et met le cap au sud-est. À cet instant, je peux encore me désister, je n'en ai pas le courage. J'ai honte, honte de ma frayeur, de vouloir faire machine arrière, de décevoir mon ami – la perspective de se retrouver nez à nez avec une tornade ne semble pas l'inquiéter le moins du monde, lui. Mon angoisse exhale le caprice névrotique d'un enfant trop couvé par sa mère, figé en face d'un tourniquet que le reste du monde trouve super. Je me sens humilié, doublement déçu, d'avoir peur et de ne pas oser l'assumer.

Les jours suivants, la nouvelle de notre départ se répand vite. Malgré l'énergie que je déploie à masquer mes angoisses, mes collègues se gaussent de mes hésitations et ne manquent jamais l'occasion de me demander si j'ai la frousse, si j'ai un parachute, un casque, une bonne assurance. Ils m'affublent aussi d'un nouveau surnom : Flying Fish. Je donne le change, mais ris jaune ; on me conduit à l'échafaud et tout le monde badine. Des frimas de violence tombent de mon cerveau, glissent le long de mon échine, piquent mes muscles, contractent mes poings ; je n'ai qu'une envie : les coller contre la machine à café et leur hurler dessus.

Le soir, exténué par ces journées passées à me réfréner, j'ai l'espoir que Géraldine, ma compagne, m'implorera de ne pas y aller, mais elle s'évertue à m'encourager, ça va être génial, je vais bien m'amuser.

À cette époque, je commence à faire des cauchemars : je cours à longueur de nuits dans des champs interminables, le souffle court, les jambes fatiguées, les pieds alourdis par la boue, poursuivi par des vortex assassins. Chaque fois, au moment où je vais me faire happer, je me réveille, trempé de sueur, le cœur à mille à l'heure, me promettant d'appeler Alex aux aurores pour lui dire que je renonce. Évidemment, je n'en fais rien. Les jours passent, et plus ils passent, moins l'abandon devient possible.

LE GRAND DÉPART

16 MAI 2015
ROISSY, FRANCE – SPRINGFIELD, ILLINOIS
6 964 km

Roissy-CDG. Terminal 1. Milieu de matinée. Après plusieurs coups de téléphone pour les retrouver, Alex aperçoit enfin nos compagnons de voyage et leur fait signe. Une jeune femme lui répond, qui slalome entre les touristes et leurs chariots débordant de bagages, flanquée d'un jeune homme dont la démarche s'accommode mal de son énorme sac à dos. Je suis un peu déçu. Nos chasseurs de tornades n'ont pas l'ethos des héros que j'imaginais : Laetitia fait un petit mètre soixante, porte des tongs, une veste de jogging et, surtout, tient coincée sous son bras une pochette plastique avec ses billets d'avion – signe d'une personne maniaque qui ne saurait prendre les bonnes décisions dans l'urgence, me dis-je ; Matthieu est trop maigre, trop raide, trop mal chaussé de fines lunettes rectangulaires et de sandales Quechua pour être un aventurier, un peu ridicule pour tout dire, avec son petit sac à dos rouge sur le ventre – on dirait Sheldon Cooper évadé de *The Big Bang Theory* –, son apparence physique venant s'ajouter à la seule information qu'Alex a eu le temps de me glisser ce matin : Matthieu l'a appelé deux jours auparavant pour lui dire qu'il ne voulait plus partir, il avait trop peur. Alex, affolé à l'idée de voir son reportage s'effondrer l'avant-veille du départ, a parlementé une bonne heure et fait usage de ses talents de diplomate pour le convaincre de revenir sur sa décision. On ne tenterait pas le diable, on regarderait les tornades de loin et, au premier grêlon plus gros qu'une couille de marcassin, on ferait demi-tour.

« Tu crois qu'ils feront l'affaire ? » me demande mon collègue en aparté. J'hésite une seconde, jette un œil à nos compagnons assis dans l'avion, puis me dépêche d'acquiescer. Si je commence à exprimer des doutes, Alex va tout voir en noir, je le connais. Je suis inquiet pourtant. Au détour de nos premières conversations, j'ai compris que Laetitia étrenne avec nous ses galons de leadeuse : elle s'est déjà rendue par deux fois dans la Tornado Alley, mais toujours comme coéquipière – Alex aura oublié de me prévenir. Ce sera donc à elle, en fonction des données météorologiques dont elle disposera, de définir nos objectifs géographiques, nos itinéraires et de décider si nous pouvons nous approcher plus près d'une potentielle tornade ou s'il faut faire demi-tour. J'ai aussi compris que nos compagnons ne se connaissent pas, qu'ils n'ont encore jamais chassé ensemble, que leur association est affaire de circonstances ; situation banale dans le milieu des *storm chasers*, m'ont-ils assuré, surtout aux États-Unis où les distances sont trop grandes pour conduire seul. Moi qui pensais partir avec une équipe soudée dont les automatismes nous préserveraient du moindre danger, je me retrouve avec un binôme en rodage.

Au moins ces deux-là parlent-ils le même langage, car, depuis mon siège, je les entends parler de *cells,* de *supercells,* d'*arcus* et de *mamas*. Je ne comprends rien et profite d'une pause dans leur discussion pour leur demander ce qu'est réellement une tornade. Laetitia sourit, attrape un livre et l'ouvre sur une double page : sur la photo, un énorme nuage blanc emplit le ciel.

« Ça, tu vois, c'est un cumulonimbus, un nuage d'orage. À l'intérieur, tu vas y trouver de la foudre, des grêlons, de la pluie, mais aussi des tourbillons horizontaux qui peuvent se redresser à la verticale si les courants ascendants sont assez puissants... et c'est ça qui va déclencher une tornade, en gros.

— Parce qu'une tornade, ça ne peut se former que dans un orage ?

— Oui, que dans un orage. Un gros orage. Y en a parfois en France, mais aux États-Unis, ce sont des monstres. »

Je m'adosse à nouveau contre mon siège et ferme les yeux. Mon esprit se lance tout seul dans l'inventaire des orages les plus marquants de mon existence. Deux d'entre eux occultent rapidement tous les autres, deux orages aussi soudains que violents, aussi fascinants que terrifiants.

Ça se passe en Normandie. J'ai 14 ans. C'est l'été. Avec mon « centre aéré », je suis parti faire du camping une semaine. C'est notre premier jour et tout commence comme dans les films : nous plantons nos canadiennes dans un herbage ensoleillé, mangeons nos pâtes au milieu d'une nuée de hannetons, chantons des ballades autour du feu avant d'aller nous coucher dans nos duvets tout neufs. Vers minuit, l'atmosphère change brusquement. Des grondements résonnent au loin, se rapprochent. Une demi-heure plus tard, la tempête nous engloutit. La pluie tombe dru, pétarade sur nos toiles de tente, le tonnerre craque si fort que je m'inquiète pour mes tympans, les foudres renversent les ténèbres et révélent à la nuit nos visages inquiets. Depuis sa tente, notre monitrice nous crie de ne surtout pas toucher aux montants métalliques de peur que la foudre ne s'abatte dessus et je m'attends à voir des feux de Saint-Elme brûler à leurs pointes. Incapable de trouver le sommeil, je passe la nuit à essayer de blaguer avec mes partenaires d'infortune, attendant que le chaos prenne fin. Au petit matin, l'averse se relâche. Nous sortons, hébétés, titubant dans la gadoue comme des naufragés. À 50 mètres, un énorme chêne gît en travers du chemin, foudroyé dans la nuit.

La semaine suivante, nous repartons avec la même équipe et connaissons presque le même sort. Cette fois, nous campons sur une base de loisirs, au milieu des arbres. L'orage éclate au cœur de la nuit et, au bout d'une demi-heure de déluge, notre monitrice – la même que la semaine précédente – hurle soudain : « On évacue ! Prenez vos tapis de sol, vos duvets, allez vous mettre à l'abri dans le bâtiment près des toilettes ! » À sa voix, je sens tout de suite que ça ne rigole pas. J'attrape mes affaires et sors. Là, je reste quelques instants à contempler le spectacle : sous une pluie diluvienne, mes camarades s'élancent en pyjama, cheveux au vent, duvets dans les bras. Un nouveau « On évacue ! » me tire de ma torpeur et je cours à mon tour sur la pente goudronnée, inquiet de me prendre les pieds dans mes lacets défaits. Deux cents mètres plus loin, sur la droite, j'aperçois le bâtiment dont a parlé la mono, j'entre. C'est une ancienne cantine sans tables ni chaises. Il faut dormir à même le sol. Dehors, l'orage enrage de n'avoir pu nous coincer et redouble de violence. Les foudres me semblent interminables et je cherche, de l'autre côté de la pièce, les yeux de celle avec qui je flirte depuis la veille. Elle ne me voit pas, perdue dans ses pensées ou dans sa terreur, ses mains tremblant sur ses tibias.

Quand l'aube arrive, le grondement des tronçonneuses remplace celui du tonnerre ; les pompiers s'affairent déjà sur une vingtaine d'arbres aux branches calcinées, aux cimes décapitées et aux troncs éventrés ; parmi eux, celui sur lequel nous avons accroché nos vélos, à 5 mètres de ma tente.

Chicago. Porte nord de la Tornado Alley. Nos bagages et notre matériel récupérés, nous partons chercher nos voitures de location. Alex s'éclipse chez Hertz, j'accompagne Laetitia et Matthieu chez Avis, je veux filmer cette première séquence. Sur place, l'employé nous indique le fond du parking où dix SUV de taille modeste alignent leurs carrosseries immaculées et leurs pare-chocs intacts. J'espérais que mes compagnons auraient réservé quelque chose de plus massif pour chasser des tornades, mais apparemment les finances ne pouvaient pas suivre. Si nous sommes frappés par un vortex dans un véhicule de ce type, nos chances de survie sont proches de zéro. Laetitia n'a pas l'air de s'en soucier et se lance dans l'examen minutieux de chaque engin, ne laissant aucun détail au hasard, n'hésitant pas à se glisser sous le châssis pour vérifier ci ou ça ; partir pour plusieurs milliers de kilomètres avec un cheval boiteux serait une erreur dramatique, de celles qu'on regrette furieusement quand un problème technique survient au pire moment. L'œil dans mon viseur, je tourne autour d'elle, fais quelques gros plans, puis change d'axe et cadre Matthieu qui la regarde faire, les mains dans les poches mais la langue bien pendue : « T'as vérifié les phares ? Les niveaux dans le moteur ? Y a pas d'impacts sur le pare-brise ? »

Laetitia se tend. Le silence s'installe.

Trente minutes s'écoulent. Notre leadeuse se prononce pour une Nissan Qashqai à la robe bleu-gris sans qu'on sache vraiment pourquoi. Matthieu valide.

Au guichet, ayant remarqué la présence de ma caméra et l'examen méticuleux de Laetitia, l'employé nous interroge sur notre programme. Notre leadeuse lui répond du tac au tac que nous allons visiter les parcs nationaux. Elle sait que les loueurs refusent de laisser leurs véhicules aux mains des *storm chasers*, trop de casse. Dupe ou pas, le type est coincé; il réfléchit une seconde, esquisse un sourire commercial, puis tend le contrat à Laetitia, maugréant un « Bonne route » dont le scepticisme ne fait aucun doute.

Alex nous rejoint sur le parking, au volant d'une BMW X3 blanche flambant neuve.

« Pas mal non ? J'ai toujours rêvé de péter une BM ! » s'exclame-t-il, sourire aux lèvres.

Je lui rends son sourire, mais ne peux m'empêcher de visualiser ladite destruction, d'imaginer les éléments déchaînés contre l'engin, la tôle et le plastique broyés, le pare-brise explosé et moi, au milieu, me faisant déchiqueter de toute part. Pour chasser ces visions, je m'assois derrière le volant, tape la destination du soir sur le GPS : Springfield-Illinois, 320 kilomètres. Nous avons sept heures de décalage horaire dans les pattes, il va falloir tenir.

Je ne tiens pas. Ça fait pourtant moins d'une heure que je conduis. Mes reins me brûlent, mes jambes se tétanisent, mes paupières se ferment en alternance, je louche. Plusieurs fois, les roues de la BM mordent la ligne blanche ; notre périple va se terminer là, dans un fossé, sans même avoir commencé. Alex dort sur le siège passager. Les minutes passent. Je ne vais pas y arriver, je vais laisser la voiture rouler toute seule. Soudain, le clignotant droit de la Nissan s'allume, Laetitia et Matthieu quittent l'autoroute avant de s'arrêter sur le bas-côté : « Changement de conducteur, je suis morte de fatigue », annonce Laetitia. Je souffle. Alex me remplace. Nous repartons. Je voudrais entretenir la conversation pour l'aider, mais le sommeil me rattrape dès le premier kilomètre.

Minuit. Les réverbères de Springfield défilent sur l'avenue principale et me tirent de mes songes. Alex est livide. Il vient de conduire deux heures sans nous tuer, je ne sais pas comment. Au loin, un néon vert pâle clignote, l'enseigne de notre motel, le seul que nous ayons réservé. Le soulagement d'arriver enfin se mêle à l'angoisse de m'y réveiller demain.

Car demain, la chasse commence et qui sait où le vent nous portera.

PREMIÈRE CHASSE

17 MAI 2015
SPRINGFIELD, ILLINOIS — TULSA, OKLAHOMA
825 km

J'ouvre les rideaux. Un ciel bleu s'étend sur la capitale de l'Illinois. Au loin, le dôme en zinc du capitole brille comme un miroir d'Archimède. Je m'habille, puis me lance dans la préparation de mon matériel ; il faut tout sortir des caisses, régler les caméras, les objectifs, les micros pour qu'ils soient utilisables dans la seconde, *ready to shoot*.

Je descends retrouver mes camarades pour le petit-déjeuner. Attablé devant son pancake, Matthieu m'annonce le programme du jour : « On va rester ici, y a des orages qui vont péter pas loin, ça sert à rien d'aller voir ailleurs. »

Tant mieux. Chaque kilomètre en moins offre un sursis à ma fatigue. Laetitia ne dit rien, elle a un problème plus urgent à régler : la clé 3G qu'elle s'est fait livrer à la réception du motel ne fonctionne pas, or cette clé est indispensable à notre quête ; elle doit nous garantir un accès permanent à Internet, quelle que soit notre position dans la Tornado Alley. Sans connexion fiable, nous ne pourrons pas suivre en direct, sur son ordinateur, les simulations et les images radar émises par les agences météorologiques américaines. Nous serons aveugles et vulnérables.

10 heures. L'employé de chez Verizon ne sait plus quoi faire, son collègue de la hot line non plus. Il faut un code pour activer la clé 3G et personne ne le connaît... Très énervée, Laetitia décide de laisser tomber pour l'instant : « Y a un McDo pas loin, le WiFi est accessible sans mot de passe, on va se poser là-bas et voir ce qu'on fait. »

Nous roulons 200 mètres au milieu d'une vaste zone commerciale. Le parking du McDo est vide, nous nous garons au plus près du bâtiment pour avoir un maximum de débit. Sans attendre, Laetitia et Matthieu se plongent dans leurs simulations météorologiques. Alex et moi décidons d'aller faire des courses au Walmart situé juste en face : les kilomètres risquent de se multiplier, quelques provisions ne seront pas inutiles. Nous traînons au milieu des rayons, achetons de l'eau, des bananes, une boîte de mauvais donuts, une paire de talkies-walkies bas de gamme et plusieurs rouleaux de scotch très résistant – en tournage, ça finit toujours par servir.

De retour au fast-food, nous prenons des nouvelles. « C'est pas clair, faut attendre », nous répond Matthieu.

Le parking se remplit, l'odeur de friture se fait plus forte. Nous achetons des burgers que nous mangeons sur le capot de la voiture. Je m'installe ensuite sur le siège conducteur de la BM pour dormir un peu. Je suis content de ne rien faire, mais évite de le montrer : Alex ronge son frein à l'ombre des thuyas, impatient de partir en chasse et de ramener cette tornade qu'il a promise à nos chefs.

17 heures. Le ciel reste désespérément bleu. L'ennui nous ramollit. Laetitia sort enfin de la Nissan et s'approche de nous.

« Aucun orage ne va passer par ici, les gars. Je m'en doutais, mais Matthieu ne voulait pas m'écouter. L'autre mauvaise nouvelle, c'est que, à mon avis, on devrait partir dès maintenant pour le Texas, où va y avoir des orages costauds ces prochains jours.

– Le Texas ? Mais c'est à combien de kilomètres ? demande Alex.

– Deux mille environ, on pourrait dormir à mi-chemin ce soir, à Tulsa. »

Mon collègue acquiesce sans hésiter, j'opine du chef aussi, moins enthousiaste. Cinq minutes plus tard, nous partons.

Les eaux sablonneuses du Mississippi s'étirent de chaque côté du pont. Sur notre droite apparaît la skyline de Saint-Louis et, devant elle, la Gateway Arch, cette arcade de fer symbolisant l'entrée du Far West. À nous l'immensité du territoire états-unien. Coïncidence, nous sommes à une vingtaine de kilomètres de Ferguson où Alex et moi avons tourné ensemble en novembre dernier.

À mesure que nous descendons l'Interstate 44 vers le sud-ouest, les constructions se raréfient, remplacées par les interminables forêts de chênes, d'ormes et de hêtres du Missouri, dont les verts jaunissent sous la caresse du crépuscule. Alex conduit et nous faisons le tour de nos playlists respectives pour passer le temps, quand un phénomène, d'abord anodin, attire finalement notre attention : tous les 100 ou 200 cents mètres environ, un ou plusieurs cadavres d'animaux gisent sur la bande d'arrêt d'urgence, des animaux de petite taille, de la même espèce, allongés sur leurs carapaces, leurs courtes pattes dressées vers le ciel, le museau figé dans un rictus de douleur, telles des poupées vaudoues disposées là pour nous faire rebrousser chemin. L'animal en question ne nous est pas familier et il faut en croiser un certain nombre avant de pouvoir – grâce à une recherche Internet – l'identifier : ce sont des tatous, pour être plus précis, des tatous à neuf bandes. J'ignorais que ce petit mammifère à l'apparence cocasse vivait aux États-Unis et découvre même qu'il est permis de le tuer « en prévention de dommages futurs » – pour employer la formule des autorités –, activité pouvant se révéler dangereuse au vu d'un article s'affichant en haut de ma recherche Google : *Un homme tire sur un tatou, la balle ricoche et blesse sa belle-mère.*

La nuit nous a rattrapés. Depuis que nous avons franchi la frontière de l'Oklahoma, les forêts laissent place à de longues plaines endormies. Alex et moi parlons de tout et de rien. Les reportages sont pleins de moments comme ça où on passe des heures à papoter de la vie, du passé, de nos origines, nos familles, nos amours ; en un seul tournage, on se livre parfois plus qu'en vingt ans de cohabitation dans un open space. C'est un des aspects que je préfère dans mon métier : la complicité née de l'obligation pour deux êtres travaillant ensemble de trouver un terrain d'entente, un périmètre dans lequel chacun pourra échanger avec l'autre.

22 heures. Laetitia nous appelle sur le talkie : « Matthieu veut manger un steak assis dans un restaurant », nous dit-elle d'une voix agacée. Elle prend la première sortie et s'engage dans une zone commerciale déserte jusqu'à un steackhouse

étonnamment ouvert un dimanche soir. Notre leadeuse nous rejoint et, très énervée, nous explique que son partenaire la met hors d'elle, qu'on perd un temps précieux, que c'est autant de fatigue qu'on va payer demain. Nous sommes d'accord, au point de faire l'impasse sur le steak pour rester dormir dans la voiture ; nous sommes épuisés.

Toc, toc. Quelqu'un tape contre la vitre. Je me réveille en sursaut et, à travers la buée, aperçois le visage de Laetitia, plus fermé encore que tout à l'heure. Matthieu, silencieux, se tient près de la Nissan, en retrait, les mains dans les poches, le visage défait. Ambiance. Tout bas, elle nous explique lui avoir sérieusement remonté les bretelles, le tançant sur son entêtement à vouloir rester à Springfield et sur son manque de confiance à son égard. Je souris, elle s'impose, espérons que Matthieu saura rester à sa place les prochains jours.

Alex prend le volant et me tend son téléphone pour que je choisisse la musique. L'idéal serait *The Last trip to Tulsa* de Neil Young ou un titre de l'initiateur du *Tulsa sound*, J.J. Cale, mais il n'a pas ça en stock. J'opte donc pour une passion commune, Radiohead, et pousse le volume au maximum. Je chante sur les premiers titres, espérant ainsi contenir la fatigue, puis abdique ; à moi les songes, à Alex l'asphalte.

HÉCATOMBE

18 MAI 2015
TULSA, OKLAHOMA — LUBBOCK, TEXAS
737 KM

J'ouvre la porte de ma chambre d'hôtel, il fait beau, le soleil tape sur la coursive extérieure : je suis toujours enclin à voir un bon présage dans un rayon matinal. De grandes flaques d'eau recouvrent le parking du Motel 6, il a dû pleuvoir aux dernières heures de la nuit. Alex me rejoint, étonnamment frais pour quelqu'un qui a conduit jusqu'à 1 heure du matin. Il grignote la partie supérieure de son pouce droit : « Ce sont de bons persos, tu crois ? me demande-t-il de nouveau

— Oui, t'inquiète, ça va aller, faut juste qu'ils apprennent à se connaître. »

Je mens. Moi aussi, je suis inquiet. Si les tensions ne s'apaisent pas rapidement entre nos deux chasseurs, notre expédition est vouée à l'échec.

« Tu les as vus ce matin ? Ils sont réveillés ? ajoute-t-il.

— Non, je n'ai vu personne.
— OK, on va attendre un peu alors. »

Il sort sa première cigarette et nous restons là, accoudés sur la rambarde, à regarder les voitures et les camions filer sur l'autoroute en contrebas.

Dix minutes s'écoulent. Toujours aucunes nouvelles de Laetitia et Matthieu. Nous décidons d'aller frapper à leur porte — ils ont décidé de partager des *double rooms* pour alléger leurs dépenses, ce qui, vu l'état de leurs relations, n'est peut-être pas une bonne idée. Je toque. Des pas s'approchent. Matthieu ouvre, sourire aux lèvres : « Ça va, les gars ? Bien dormi ? On se demandait ce que vous faisiez ! Entrez ! »

Assise sur le lit du fond, Laetitia lève le nez de son ordinateur, de bonne humeur elle aussi : « Super nouvelle, les gars, j'ai résolu mon problème de clé 3G, en fait, il y avait un code dans un autre e-mail que j'avais reçu... Sinon, j'ai analysé les prév' du jour et je pense que de petits orages vont éclater en fin d'après-midi dans le nord-ouest du Texas. On n'arrivera peut-être pas à l'heure, mais c'est pas grave parce que demain, ça va taper fort dans le même coin, on sera bien placés.

— Et on a une chance de voir une tornade aujourd'hui ? demande Alex.

— Non, désolée, pas de tornade aujourd'hui, les conditions ne sont pas réunies. »

Mon camarade ne dit rien, ne montre rien, mais je sais qu'il accuse le coup ; pour lui, plus tôt on filmera un vortex, plus tôt on sera libérés.

Musique à fond, coude à l'extérieur, je conduis la BMW, seul. Alex est monté dans la voiture de tête avec Laetitia et Matthieu pour tourner quelques images. Nous roulons vers le Lone Star State, le Texas, et plus précisément vers Lubbock, dont la position au confluent de nombreuses autoroutes nous permettra de choisir où partir demain. Au loin, la skyline d'Oklahoma City perce l'horizon et je me désole que nous ne nous y arrêtions pas. L'attentat terroriste de 1995 contre un bâtiment fédéral – attentat le plus meurtrier de l'histoire des États-Unis avant le 11 septembre 2001 – m'avait beaucoup marqué à l'époque, sans que je puisse vraiment l'expliquer ; les images impressionnantes du building éventré, peut-être, ou l'identité des terroristes issus des rangs de l'armée américaine, je ne sais pas.

De l'autre côté de l'agglomération, en direction du sud-ouest, un élégant patchwork de champs et de vergers s'étale autour de nous, mosaïque de verts qui n'est pas sans me rappeler ma Normandie natale ; je m'y arrêterais bien faire un somme, la nuque posée sur l'herbe fraîche, le front piqué d'ombres délicates, le corps offert au souffle chaud des Grandes Plaines, oubliant que dans ce coin de paradis – cœur géographique de la Tornado Alley – folâtrent les pires vortex de la planète.

Après sept heures de route, deux litres de café et trois hot-dogs, Lubbock apparaît enfin. Ce nom ne m'évoque rien, si ce n'est que Kerouac raconte, dans *Sur la route,* s'être fait prendre en stop à Fresno par un type qui venait de Lubbock et y vendait des caravanes. La ville a pourtant, et par deux fois, fait la une de la presse nationale : en 1951, quand de nombreux témoins, y compris plusieurs professeurs respectés de l'université locale, ont rapporté avoir observé des ovnis survoler la ville ; puis en février 1988, quand des paroissiens de l'église St. John Neumann ont juré avoir entendu des messages de la Vierge Marie.

L'après-midi touche à sa fin, un soleil fatigué flotte sur les faubourgs. Nous trouvons rapidement un motel avec trois chambres libres, y déposons nos affaires, quand Laetitia nous annonce qu'une cellule orageuse approche.

« On irait bien voir avec Matthieu, nous dit-elle.

– Pas de problème », répond Alex sans me consulter.

Nuit et ennui se confondent. Deux heures que nous poireautons sur le parking d'une station-service à quelques kilomètres de la ville. Selon nos chasseurs, l'orage arrive droit sur nous, mais je ne vois rien. Je pars me chercher un nouveau café. Au-dessus du rayon chips, une télévision diffuse en boucle des images d'orages au Colorado, on aurait peut-être dû aller là-bas. Je m'installe à l'unique table de la boutique et n'ai pas encore avalé la moindre gorgée qu'Alex me rejoint : « C'est bon, on y va, ça prend », me dit-il.

Je soupire.

« Tu sais qu'il fait trop sombre pour filmer quoi que ce soit ?

– Je sais, mais ils n'ont encore rien eu à se mettre sous la dent, laissons-les s'amuser un peu. »

Je porte le café à mes lèvres, me brûle. Je finis par me lever. Le décalage horaire, les heures de conduite pèsent sur mes jambes et ma motivation, mais, dehors, la Nissan ronronne déjà, Laetitia et Matthieu nous attendent avec impatience. Nous repartons.

Cinq ou six kilomètres plus loin, nos compagnons quittent la route, pénètrent dans un champ en friche et s'arrêtent. Je me gare à côté. Matthieu baisse sa vitre et murmure : « L'orage est tout près », comme si ce dernier pouvait l'entendre. Je le regarde circonspect : il fait nuit noire et aucun éclair n'est visible à l'horizon, aucun tonnerre ne gronde. Soudain, bang ! Un flash surpuissant éclaire la campagne.

« Foudre ! Foudre ! » hurle Matthieu, bondissant de la voiture, appareil photo à la main – les *storm chasers* photographient toujours « leurs » foudres, une manière pour eux d'immortaliser l'éphémère, de figer dans l'éternité ces zébrures électriques vouées à l'oubli.

Une minute passe, puis deux, puis trois, puis quatre. Laetitia et Matthieu attendent, tapis dans l'ombre, et je croirais volontiers que ce premier éclair n'était qu'une hallucination s'ils n'avaient confirmation, sur leur ordinateur, que l'orage est bien là.

« On bouge, la cellule se déplace », décide soudain Laetitia.

Ils sautent dans la Nissan et démarrent à toute vitesse. Je dois foncer à plus de 90 kilomètres/heure sur de petites routes de campagne pour les rattraper. La nuit est opaque, sans lune ni étoiles, muselée par un nuage noir dont nous ne voyons pas les contours.

Cinq minutes plus tard, un océan de pluie nous engloutit. Le fracas est infernal, l'eau martèle le toit de la BM, des rafales nous tabassent par la droite. Mes essuie-glaces sont tout de suite débordés, la chaussée s'évanouit. Je fixe les feux arrière de la Nissan comme un naufragé le phare salvateur ;

je ne sais pas où nous sommes ni comment nous pouvons sortir de là. Je me tourne vers Alex, il dort sur le siège passager. Laetitia crie dans le talkie-walkie qu'il faut dégager, que des coulées de boue peuvent dégringoler des champs alentour et nous engluer. L'angoisse monte. Je serre les mains sur le volant, concentré à l'extrême, mais au bout de quelques minutes une irrépressible envie de dormir me gagne ; impossible de changer de conducteur dans l'immédiat. Laetitia accélère encore. Il faut tenir, ne pas écouter cette petite voix qui me dit : « Ferme les yeux, tout ira bien. » Je ne peux pas flancher. Je me frappe les cuisses, le torse, le visage ; conduis d'un œil pour ne pas loucher.

Là, au milieu des ténèbres texanes, je rencontre ma première éternité, cette dilatation du temps provoquée par le stress et la peur, qui semble ne jamais vouloir finir. Le visage crispé, le souffle court, je tente de survivre à ces trop longues secondes qui consument l'énergie d'une vie.

Vingt minutes plus tard, l'averse s'adoucit, le décor réapparaît. De chaque côté, une eau boueuse dégorge des champs, remplit les fossés, dégouline sur le bitume – l'inondation éclair, le *flash flooding* comme disent les *storm chasers*, n'était pas loin. Au milieu de ce marigot, je crois soudain avoir une hallucination : sur l'asphalte détrempé, d'innombrables petites ombres sautillent comme des pop-corn cuits à point. Plusieurs dizaines de secondes me sont nécessaires pour décrypter cette vision. Ce sont des crapauds, des milliers de crapauds lancés dans une course folle pour traverser la chaussée, nez contre le courant. Leur sort m'apitoie, mais Laetitia ne fait pas de sentiment et, dans le silence de la nuit, leur roule allègrement dessus. Je l'imite. Le vacarme fantasmé de ces petits corps éclatant sous mes pneumatiques envahit ma boîte crânienne et m'aide à ne pas sombrer dans le sommeil ; au moins, leur sacrifice n'aura pas été vain.

L'averse s'allège encore.

« Chasse terminée », annonce Matthieu dans le talkie.

Je me retiens de pleurer. Lubbock est à une quinzaine de kilomètres, le bout du monde quand on lutte pour ne pas dormir depuis une heure.

À voix haute, je me fais la promesse de ne plus accepter d'expédition nocturne.

Alex dort toujours sur le siège passager.

HOT-DOGS

19 MAI 2015
LUBBOCK, TEXAS — BIG SPRING, TEXAS
513 KM

Boum, boum, boum. Il est 7 heures du matin et quelqu'un frappe comme un sourd à la porte de ma chambre. Je grogne. Ma première rencontre avec les orages américains m'a rompu. J'ai mal au dos, aux bras, aux cuisses. En caleçon, je boitille et ouvre : « Simon, ça pète pas loin ! Faut se grouiller ! » crie Matthieu, déjà sur le départ.

Je plisse les yeux, sonde l'horizon, ne vois rien. Je claque la porte et me retourne vers mes vêtements, quand quelqu'un frappe à nouveau. Demi-tour.

« Laisse tomber, y a juste eu trois petits éclairs au loin, ça vaut pas le coup », me dit un Alex blasé, pâle, les pouces à vif.

Je m'habille. Je sors. Dehors, pour la première fois depuis notre arrivée, l'éther s'est couvert d'un voile triste, une grisaille uniforme mâtinée d'un léger crachin dont la moiteur me colle aux joues, on se croirait à Paris. Le parking est quasi désert, il faut dire qu'avec ses 18 % d'avis « horrible » sur TripAdvisor et sa piscine remplie de gravats, le Best Value Inn East ne met pas toutes les chances de son côté. Le petit-déjeuner est à l'avenant, typique des motels américains bas de gamme : gobelets et couverts en plastique, mauvais café, œufs brouillés jaune fluo et mini-saucisses industrielles. À noter, un moule à gaufres en forme d'État du Texas que je ne peux m'empêcher de prendre en photo.

En attendant que la situation météorologique se décante, Alex et moi partons tourner quelques plans dans la campagne environnante. Les abords de Lubbock nous offrent ce que nous cherchions : de grandes plaines agricoles où les rafales s'engouffrent sans résistance, faisant valser tout ce qui se trouve sur leur passage, arbres, blé, boutelou et surtout d'innombrables tumbleweeds empalés sur des fils barbelés, tremblant comme des épouvantails fébriles dans les courants d'air, espérant qu'une rafale plus coriace que les autres viendra les libérer. Je demande à Alex d'en décrocher deux ou trois et de les lâcher devant ma caméra pour faire un joli plan, ce qui attise la curiosité d'une assemblée de chiens de prairie dressés sur leurs pattes arrière dans le champ mitoyen, passablement circonspects.

Retour au motel. Laetitia et Matthieu hésitent ; deux options s'offrent à nous : rester dans le coin pour faire du tourisme, car il y aura de beaux orages dans la région demain, ou foncer en direction du Mexique pour aller à la rencontre d'un cumulonimbus isolé. Sur le papier, cette seconde option est plus alléchante – une cellule orageuse isolée a en effet plus de chances de poser une tornade –, mais ce n'est pas si simple : depuis Lubbock, nous arriverons face à l'orage et, en cas de tornade, risquons de nous trouver sur sa trajectoire. Le plus prudent serait donc de contourner la cellule pour l'aborder par l'arrière, mais vu la faible densité du réseau routier – et sachant que la durée moyenne d'une tornade n'excède pas dix minutes –, nous allons perdre un temps précieux.

« Je vote pour la première option, déclare Matthieu. De toute façon, je m'en fiche de voir des tornades. Moi, c'est la foudre qui m'intéresse. Et en plus on part trop tard, on n'y sera pas à temps. »

Laetitia et Alex font comme s'ils n'avaient rien entendu et votent pour le sud ; chaque « chance » de tornade doit être saisie. Je les suis du bout des lèvres, les conditions ne me semblent pas optimales.

À trois contre un, Matthieu s'incline et s'éloigne sans un mot pour s'installer au volant de la Nissan. Laetitia s'assoit sur le siège passager et saisit l'énorme cahier de cartes IGN rangé dans la portière. Aussi anachronique que cela puisse paraître, les chasseurs d'orages n'utilisent presque jamais de GPS pour se guider : « Un GPS, ça peut perdre sa connexion, s'actualiser trop lentement, voire tomber en panne, m'explique-t-elle. Quand une tornade te fonce dessus, tu préfères éviter. » Alex monte avec eux. Nous partons.

Les miles se succèdent dans la torpeur de l'après-midi. Il fait beau à présent. Nous roulons sur de longues lignes droites décaties, bandes d'asphalte noires lardant les plaines d'un Texas plat, morne, orné de poteaux sales et de transformateurs électriques, de ruines et de carcasses automobiles, loin du décor que Hollywood nous a toujours vendu. Dans le ciel, je cherche des aigles, je ne vois que des corbeaux.

Nous traversons Lamesa puis Midland – « *Hometown of President George W. & Laura Bush. "Where The Sky's The Limit"* », dixit le panneau d'entrée de la ville –, sorte de Dallas miniature poussé au milieu de nulle part grâce au pétrole bouillonnant sous ses pieds, qui contraste fortement avec les paysages que nous arpentons depuis deux heures. Une dizaine de mini-buildings brillent de toutes leurs baies vitrées dans le centre-ville, comme pour blanchir cet or noir dont ils sont les rejetons. Un peu plus loin, des milliers de chevalets font grincer leurs mécanismes mal huilés sur la plaine offerte aux quatre vents, leurs têtes disproportionnées s'inclinant vers le sol sec, où d'impressionnantes tempêtes de poussière se lèvent parfois. Des bancs de sable strillent la chaussée, Matthieu conduit avec prudence, mais le temps presse ; l'orage n'attend pas.

15 heures. Alex m'appelle sur le talkie : la cellule que nous chassons est entrée en rotation, première étape avant la tornade. Un grand silence m'envahit. Pourquoi ai-je accepté cette mission ? Pourquoi ai-je dit oui alors que je pensais non ? Le pire nous attend, j'en suis sûr, le monstre nous a tendu un piège et patiente en embuscade, affamé, sûr de sa force et de sa puissance.

Nouvel appel sur le talkie, la voix d'Alex me tire de mes cauchemars.

« Scrrrtrtch... Simon ? Matthieu a fait une erreur d'itinéraire, on a pris du retard, faut se grouiller. »

La Nissan accélère : 110 kilomètres/heure. Je m'accroche pour la suivre. À l'horizon, aucune trace du cumulonimbus prêt à cracher son vortex, seuls quelques petits moutons d'albâtre broutent l'azur.

Nous dépassons Rankin, continuons vers l'ouest le long de la voie ferrée, puis prenons à gauche sur la 349. De nouvelles étendues nous accueillent, couvertes d'armoises, de sauges, de mesquites, et ceinturées de lointaines mesas. Au-dessus de ces montagnes sans tête, un large disque nuageux apparaît.

« Ça y est ! Tu la vois la cellule ? me crie Alex dans le talkie. On y est presque ! » Je la vois, oui, mais « presque » n'est pas le mot que j'aurais employé. Cinquante kilomètres au moins nous séparent du monstre. Matthieu accélère encore : 130 kilomètres/heure. La circulation s'est tarie, quelques pick-up chargés d'ouvriers mexicains et de *rednecks* en treillis remontent vers le nord. Fuient-ils le danger ? Autour de nous, aucun bâtiment, aucune maison. Nous sommes seuls. Qui sonnera l'alerte si une tornade se déclenche ? Qui viendra nous sauver si elle nous balaie ?

Dix minutes filent. Dans le ciel, la situation évolue plus vite que je ne le pensais. Le nuage avance vers nous à la vitesse d'un tsunami, gobe les moutons d'albâtre et fond vers le soleil bouche ouverte. En sursis, ce dernier inonde les alentours d'une lumière miraculeuse, pare la végétation de reflets d'or, épaissit les ombres. Le spectacle est de toute beauté. Je saisis ma caméra, la pose sur le tableau de bord, déclenche.

« Ça y est ! Une tornade ! » hurle Alex dans le talkie. Il suit l'évolution de la cellule sur l'ordinateur.

Mon pouls s'accélère ; un vortex tourbillonne quelque part derrière l'horizon et nous fonçons droit sur lui. J'ai chaud. Mes mains adhèrent au volant. Ma bouche s'empâte. Le soleil disparaît derrière le nuage. Un dernier rai fuse sur l'objectif, glisse sur mes mains, mes bras, caresse mon visage, puis s'évanouit. Mon courage aussi ; on ne s'imagine pas mourir par beau temps.

Au loin, le cumulonimbus s'approche, grossit, remplit la moitié du ciel. Sa base émerge des reliefs, sombre, dense, aussi noueuse que le cou d'un taureau. Qu'allons-nous faire ? Foncer droit sur lui ? Le contourner ? Seul dans ma voiture, je ne sais rien des intentions de mes camarades.

« Deux autres tornades ! » hurle Alex dans le talkie.

J'attrape l'émetteur et crie à mon tour : « OK et on fait quoi ? »

Pas de réponse, la Nissan continue sur sa lancée. Mon cœur palpite dans mes tempes, mes mains tremblent, mon dos colle.

Nous traversons la Pecos River. Peu après, la 349 se termine. Il faut choisir : gauche ou droite. L'orage gronde à droite, la Nissan prend à gauche, je respire.

Cinq kilomètres plus loin, des toits apparaissent derrière les broussailles. Un panneau nous informe que nous entrons dans Iraan. Mes compagnons doivent chercher une voie pour aborder l'orage par l'arrière, me dis-je, mais la Nissan bifurque soudain et s'arrête sur le parking d'une station-service. Laetitia sort en furie et s'éloigne. Je bondis hors de ma voiture, caméra au poing, la filme de loin ; dans mon casque, grâce au micro qu'elle porte depuis ce matin, je l'entends pleurer. Alex me rejoint et me fait signe de couper.

« C'est vraiment pas de chance, mais là, c'était trop dangereux ! » s'exclame Matthieu derrière nous.

Alex se raidit et se retourne, prêt à lui mettre une droite.

« Viens, on va boire un café », lui dis-je en l'attrapant par le coude.

Nous faisons quelques pas. Il m'explique : « Matthieu voulait absolument respecter les limitations de vitesse au début et après il s'est planté sur l'itinéraire... Avec ses conneries, on a perdu une demi-heure et maintenant, c'est trop tard pour traverser la cellule, y a de la grosse grêle à l'intérieur, on risque de casser les bagnoles. »

Il est dépité. Trois tornades viennent de nous passer sous le nez.

Minuit et demi. De pâles réverbères éclaircissent les ténèbres de Big Spring. Je suis exténué. Nous avons mis cinq heures pour couvrir les 250 kilomètres qui nous séparent d'Iraan. Laetitia et Matthieu ont voulu s'arrêter faire des photos de foudre, des photos de coucher de soleil, puis Matthieu a eu faim.

Au détour d'un virage, l'enseigne Budget Inn & Suites vacille dans la nuit. Nous n'avons pas réservé, mais, selon le site Internet, il reste trois chambres de libres, « pas super » au dire de Laetitia. Nous nous garons. La réception est fermée. Alex appuie sur un bouton encastré dans le mur et surmonté d'un écriteau *« Ring here »*. Nous attendons. Une lumière s'allume au fond du couloir. Une ombre approche, suivie de son propriétaire, un homme d'origine indo-pakistanaise à la moustache entretenue et au pyjama rayé, lui-même suivi de sa femme et de leurs enfants. Visiblement, tout le monde dormait.

« What can I do for you? » toussote le gérant à travers l'hygiaphone.

Alex lui explique la situation, mais s'interrompt soudain : à l'autre bout du parking, trois énormes pitbulls viennent de surgir du néant et foncent sur nous. Pris d'effroi, je serre les poings, persuadé qu'ils ont déjà senti l'odeur du hot-dog que j'ai mangé une heure avant. Le chef de la bande se précipite vers moi et s'immobilise à mes pieds, colle sa truffe contre ma main. Je ferme les yeux, je sens déjà ses crocs dans ma chair. Trois, quatre secondes passent. Rien. J'ouvre les yeux, le pitbull détourne la tête et s'éloigne, ses comparses après lui. Le gérant du motel hausse les épaules – il en a vu d'autres, on dirait – et, pressé de retourner se coucher, nous donne les clés avant de disparaître dans le couloir, sa famille à ses trousses.

Encore perturbé par cette apparition canine, je traverse le parking sans prêter attention à la vétusté de l'établissement. Dans ma chambre, une terrible odeur d'égout m'accueille, j'ai un haut-le-cœur, impossible de dormir ici. J'avise la voiture, hésite à m'y installer pour la nuit, puis renonce, il fait trop froid ce soir. J'entre, pose mon sac sur un fauteuil fourbu, mets en charge mes batteries, me déshabille et me glisse nu dans les draps râpeux. J'éteins.

Dans le noir, je porte mes doigts à mes narines, renifle. Que pouvait-il bien y avoir dans ces saucisses pour que même un chien y rechigne ?

FULGURA FRANGO

20 MAI 2015
BIG SPRING, TEXAS — FORT STOCKTON, TEXAS
441 km

Le néon aux reflets verts de la salle de bains me donne une mine de médecin légiste. Des cernes sont visibles sous mes yeux. Pour la première fois depuis notre arrivée aux États-Unis, des tornades sont revenues me traquer dans mes rêves. Je courais, titubais, trébuchais sur les mottes de terre, tombais, me relevais. Cinq ou six vortex affamés me poursuivaient sans jamais me rattraper, ça me rendait fou. À l'arrière-plan, des éclairs déchiraient la nuit, l'horizon était en flammes, j'étais terrorisé. Au réveil, je n'ai d'abord pas compris où je me trouvais, ce que je faisais dans cette chambre à la moquette passée, au couvre-lit marron, puis j'ai entendu mes compagnons sur le parking et tout m'est revenu.

Dehors, le ciel est gris, l'ambiance maussade. Alex et Laetitia discutent autour de la Nissan, ordinateur sur le capot. Matthieu n'est pas encore là, il n'a pas fini de se préparer. Malgré ses efforts pour paraître détendue, Laetitia n'a pas digéré notre échec d'hier : elle sait à quel point il est difficile d'être au bon endroit au bon moment, que l'occasion d'intercepter trois tornades dans la même journée ne se représentera peut-être jamais. Pour ne rien arranger, une idée tourbillonne dans sa tête : et si Matthieu nous avait volontairement égarés ? S'il n'avait pas pu nous dire que son angoisse était trop forte, et avait trouvé un autre moyen pour nous faire manquer les tornades ? Alex y pense aussi. Ne voulait-il pas abandonner il y a quelques jours encore ? Leurs soupçons me mettent mal à l'aise : dans le fond, moi aussi j'étais soulagé de les rater, ces tornades.

« Je ne vais pas vous mentir, les gars, aujourd'hui les vents ne sont pas favorables pour déclencher des vortex, mais il y aura des orages très électriques pas très loin, nous annonce Laetitia.

— Vraiment ? Aucune chance de tornades ? s'inquiète Alex.

— Non, aucune, désolée. »

Les épaules de mon collègue s'affaissent. Encore une journée de perdue. Lui qui organise toujours ses tournages au cordeau doit composer avec le phénomène le plus imprévisible qui soit.

Une heure plus tard, à l'instar de John Voight au début de *Macadam Cowboy*, nous quittons

Big Spring, ses motels miteux et ses pitbulls en liberté. Sans regret.

Nous traversons de nouveau Midland – d'est en ouest cette fois –, transitons par Odessa, puis gagnons Monahans où nous bifurquons vers le sud. À mesure que nous avançons, le ciel s'éclaircit, la chaleur revient. De vieilles bicoques en décomposition égaient les abords de la route, cadavres de boutiques, de bureaux et de maisons abandonnés dont les jardins en jachère sont constellés de matériel rouillé. Nous atteignons Royalty, hameau quasi fantôme, puis pénétrons dans Grandfalls où, face à une improbable loge maçonnique décrépite style Art déco, une station-service se languit. Laetitia veut attendre ici que la situation météorologique évolue. Je prends ma caméra et pars tourner quelques plans.

Dix minutes plus tard, deux vans se garent le long des pompes à essence. Une quinzaine de touristes en descendent, des Américains de tous âges en shorts, baskets, casquettes. Le conducteur d'un des vans, un type aux cheveux gris, leur dit qu'ils ont un quart d'heure.

« Roger Hill ! souffle Laetitia. Regarde Matthieu, c'est Roger Hill ! »

Matthieu plisse les yeux, sceptique.

« Si, si, c'est lui, là au milieu, le type avec les lunettes de soleil, celui qui conduisait, viens, on va se présenter. »

Elle se lève. Intimidé, Matthieu hésite à la suivre : dans la communauté des *storm chasers*, Roger Hill n'est pas n'importe qui. Selon le *Guinness Book World of Records*, c'est l'homme qui a vu le plus de tornades dans l'histoire de l'humanité – il chasse depuis les années 1980 –, un statut de légende qu'il a su mettre à profit : moyennant environ 3000 dollars par semaine, il emmène des touristes en mal de sensations fortes traquer des vortex sur les routes de la Tornado Alley. Ses séjours affichent complet un an à l'avance.

Laetitia se présente et lui dit combien elle est heureuse de le rencontrer, ça veut dire qu'elle a choisi la bonne destination aujourd'hui. Roger Hill sourit : « Oui, c'est ici que ça va se passer, il n'y aura pas de tornade malheureusement, mais ça devrait être très intéressant, avec pas mal de foudre. »

Mais ses clients reviennent déjà, il s'excuse, il doit repartir. Le business n'attend pas*.

* En 2019, deux vans appartenant à Roger Hill sont percutés par une tornade (ou un vortex secondaire, les versions divergent) et font plusieurs tonneaux avant de s'immobiliser dans un champ. L'accident fait une douzaine de blessés légers.

14 heures. La chaleur est étouffante. Dans le ciel, des cumulonimbus montent comme des blancs en neige, puis se rabougrissent. Après avoir quitté Grandfalls, nous avons erré dans les abords de Fort Stockton avant de nous arrêter ici, sur le parking

d'une station-service désaffectée. Plusieurs équipes de chasseurs patientent avec nous, à l'ombre du toit de tôle crevé surplombant les pompes à essence. Un peu plus loin, sous le cagnard, une dizaine de filles et de garçons – étudiants en météorologie de l'université du Michigan – se font des passes avec un ballon de football américain. Chasser les orages dans la Tornado Alley est le moment fort de leur cursus et tous les hommes se sont laissé pousser la moustache pour l'occasion.

15 heures. Il fait de plus en plus chaud. Laetitia et Matthieu passent le plus clair de leur temps dans la Nissan, les yeux rivés sur leur ordinateur, à l'affut du moindre changement de situation. Entre eux, les choses vont mieux.

16 heures. Les autres équipes lancent la chasse. Laetitia nous demande de patienter.

16 h 30. Nous sommes les derniers sur le parking.

« C'est bon, les gars, on y va, ça prend », annonce Laetitia.

Cette fois, je monte dans la Nissan avec eux, Alex prend le volant de la BM.

Nous roulons vite. Cinq minutes passent. Concentré sur ma caméra, je ne remarque pas tout de suite la cellule orageuse qui plane au loin. Quelques secondes plus tard, c'est son râle qui me réveille, un râle sourd, rauque, comme le roulement gras et mécanique d'un moteur sale. Je sors l'œil de mon viseur et regarde à travers le pare-brise : un vaisseau noir flotte seul dans le ciel bleu. Jamais encore je n'avais vu un tel monstre, large comme une ville, sombre comme les ailes d'un vautour. Nous continuons, approchons de ses bords, glissons dessous. Le monde s'assombrit. Je pose ma caméra pour contempler un instant la voute nuageuse qui défile à mon aplomb. Un chef-d'œuvre. L'envers de l'orage n'est que magma de pustules poreuses, de barbules baveuses et de grumeaux incertains dont les saillies désordonnées dansent sur les remous du ciel, un tableau instable, précaire, évoluant à chaque seconde vers un autre état, d'autres courbes, d'autres couleurs.

Cent mètres devant nous, sur le bas-côté, trois voitures bondées de chasseurs de tornades sont garées. Laetitia s'arrête à leur hauteur et sort pour récupérer son matériel photo dans le coffre. Je la suis, la filme, dos à l'orage. Boum ! Une énorme explosion retentit derrière moi.

« Yeaaaah ! exulte Laetitia. La foudre ! »

Matthieu – qui était sorti lui aussi – remonte dans la voiture : « Putain, c'est tombé pas loin, mets-toi à l'abri, Laetitia ! » crie-t-il.

Elle l'ignore. Moi aussi.

Alex sort la tête de la BM, livide.

« Simon, c'est chaud là, rentre dans la voiture, s'il te plaît », me dit-il.

Je n'ai pas envie de l'écouter. Absorbé par l'écran de ma caméra, je n'ai pas conscience du danger. Dans mon cadre, Laetitia installe son trépied au milieu des herbes hautes. Soudain, à l'arrière-plan, je crois avoir une hallucination : huit foudres absolument identiques fendent l'éther et frappent le sol dans la même seconde, comme une rafale.

« Wouah, huit impulsions ! » s'écrie notre leadeuse.

Mes deux autres compagnons n'ont peut-être pas tort, me dis-je : si une foudre comme celle-là tombe à moins de 300 mètres, nous sommes morts. J'ouvre la portière avant droite et me poste en équilibre sur la carrosserie, talons sur le bas de caisse, coudes sur le haut de la portière. Laetitia reste dehors et jubile, seule sur la plaine. Je pense alors à cette formule que les fondeurs de cloches du XVIIIe siècle gravaient sur leurs productions pour les protéger des fureurs du ciel : *Fulgura frango*. J'aurais dû inscrire la même chose sur ma caméra.

Matthieu, assis dans le coffre grand ouvert, ordinateur sur les genoux, surveille l'évolution de la situation : l'orage se renforce, mais s'éloigne vers l'est, il faut le suivre. Laetitia plie son matériel, reprend le volant et démarre.

Nous contournons Fort Stockton par le nord jusqu'à l'embranchement de l'Interstate 10. Laetitia s'arrête.

« Voilà ce que je vous propose, les gars, on va prendre cette autoroute et suivre tranquillement la cellule par l'arrière.

– Non mais, ça va pas ! s'écrie Matthieu. C'est plein de grêle là-dedans !

– T'inquiète, j'y vais mollo, y a aucun risque.

– Aucun risque ? Mais regarde l'ordi ! C'est violet sur les images radar, y a des grêlons gros comme des boules de billard, on va péter la caisse ! »

Laetitia marque une pause, réfléchit, puis reprend d'une voix plus douce : « Écoute, Matthieu, on va prendre l'autoroute et tout va bien se passer, tu me fais confiance ? »

Silence. Matthieu hésite, répondre non à cette question peut remettre en cause toute la suite de l'aventure. Laetitia prend ça pour un oui et s'engage sur la bretelle, pied au plancher. À l'arrière, je ne dis rien, mais n'en mène pas large : l'autoroute, c'est un aller simple vers le danger, impossible de faire demi-tour en cas de problème.

Nous gagnons vite du terrain et, en deux minutes, talonnons la cellule. Laetitia ne ralentit pas. La voiture pénètre sous l'orage, la pluie commence à tomber. Laetitia ne ralentit toujours pas. Elle fonce droit devant, vers un horizon toujours plus bouché. Personne ne parle. Nous sommes en train de comprendre qu'elle ne veut pas « suivre » l'orage, comme elle nous l'a dit, mais le traverser. Matthieu trépigne sur son siège, terrifié, scrutant la route devant nous à la recherche du moindre grêlon; il sait qu'on approche de la zone dangereuse.

« Tout va bien, je gère », tente de nous rassurer Laetitia.

Mauvais timing. Dans un fracas dantesque, des trombes d'eau s'abattent sur la voiture.

« Vous inquiétez pas, tout va bien », répète-t-elle.

Je commence à douter. L'averse recouvre tout, le pare-brise, l'asphalte, l'avenir. Matthieu fixe la chaussée et psalmodie des « C'est chaud, c'est chaud, c'est chaud »; il ne tient plus sur son siège. Derrière nous, la BMW s'est presque évanouie, seuls ses phares percent encore le rideau de pluie. Clac, clac, clac. Les premiers grêlons rebondissent sur le pare-brise.

« Grêle ! Grêle ! hurle Matthieu. Demi-tour ! Demi-tour ! »

Laetitia ne s'affole pas.

« Ça va, c'est tout petit », répond-elle.

Mais Matthieu n'écoute plus. L'éventualité que ces grêlons grossissent est trop angoissante pour lui : pupilles dilatées vers l'aval, mains crispées sur le tableau de bord, il panique; je crains qu'il ne saute de la Nissan en pleine course. Laetitia aussi. Elle se tourne vers lui, le jauge quelques secondes – il ne remarque rien –, puis, sans prévenir ni jeter un œil dans le rétroviseur, braque violemment le volant vers la gauche, coupe la route d'une voiture qui allait nous doubler et traverse le terre-plein central. La voiture bringuebale dans tous les sens, je me cogne contre ma caméra, la vitre, la portière. Laetitia s'arrête un instant, regarde à droite, puis démarre en trombe pour reprendre l'autoroute dans l'autre sens, directement sur la voie de gauche, au milieu de cette averse monumentale. Je veux crier, mais c'est trop tard, le moteur de la Nissan rugit, mon cœur s'emballe. Je ferme les yeux, attends le choc avec une hypothétique voiture lancée à toute blinde ; il ne vient pas.

Je me retourne pour voir si Alex a suivi cette manœuvre suicidaire. Il est bien là.

Laetitia bout de colère et conduit à tombeau ouvert malgré la grêle qui continue de tomber dru, malgré la route qui déborde et glisse de plus en plus. Ce demi-tour nous fait perdre un temps précieux, la cellule risque de nous semer. Matthieu se tait.

Trois minutes passent. Notre leadeuse prend la première sortie, tourne à gauche, encore à gauche et s'engage sur une longue ligne droite. La cellule est visible à onze heures, il faut la rattraper : 120, 130, 140 kilomètres/heure, les limitations de vitesse n'existent plus, seules comptent les minutes grappillées sur l'orage. Je commence à mesurer la fascination viscérale de Laetitia pour ce phénomène, son envie d'être là, tout près, de le sentir, d'en éprouver sa force, sa vigueur, sa puissance. Dans l'avion, elle m'avait raconté qu'enfant elle sortait en cachette de la maison familiale pour admirer les orages, contempler les foudres, écouter le tonnerre.

« On va se poser là », annonce-t-elle tout à coup en se garant sur le bas-côté.

Elle bondit hors de la voiture, attrape son matériel photo. Je recommence à filmer ; j'avais arrêté je ne sais plus à quel moment. Je la cadre, la regarde sur mon écran installer son trépied, quand une foudre prodigieuse découpe le ciel derrière elle et frappe un poteau électrique. Une explosion retentit, suivie d'un étrange grésillement.

« Putain ! Foudre à 300 mètres ! hurle Matthieu. T'as entendu, Laetitia ? C'est passé dans les câbles électriques au-dessus de nous ! Faut rester dans les bagnoles, c'est hyper dangereux ! »

Laetitia ne répond pas, trop occupée à régler son appareil photo. Matthieu ouvre le coffre et s'assoit de nouveau à l'intérieur, les jambes recroquevillées sous son menton pour ne pas faire contact avec la terre. Je reprends mon poste en équilibre sur la portière. Boum ! Grhchchch... Nouvelle foudre, nouvelle explosion, nouveaux grésillements.

« C'est chaud, Laetitia, monte dans la voiture ! » implore Matthieu.

D'un geste de la main, sa partenaire l'envoie balader. Il se tourne vers moi : « Dans un orage, la foudre peut tomber n'importe où, c'est imprévisible, elle est en danger. »

L'image de Laetitia grillant sur place envahit mon cerveau. Les secondes traînent. Je n'aime pas ça. Perturbée par le dysfonctionnement du boîtier installé sur son appareil photo – censé déclencher automatiquement les prises de vue quand la foudre frappe –, notre leadeuse n'est pas attentive à la situation.

Une minute. Deux minutes. Trois minutes. Elle lève enfin les yeux, constate que l'orage s'éloigne.

« Merde, faut se replacer », peste-t-elle.

Nous repartons. Vite. Sur notre gauche, au-dessus de la plaine, un chapelet de cumulonimbus bleu-gris s'étend à perte de vue. Le système se renforce. Les foudres se multiplient. Plusieurs « multi-impulsions » – des arcs subséquents, dit-on en météorologie – jaillissent du ciel, frappent les collines alentour et embrasent parfois de petits mesquites qui se consument sur la plaine tels des cierges oubliés au fond d'une cathédrale. On se croirait dans un décor de film gothique. À tout moment, je m'attends à voir apparaître un seigneur sataniste ou un adepte du Ku Klux Klan sortir des flammes ; vision quasi surnaturelle, bientôt dérangée par l'apparition de culs de *storm chasers* bien alignés le long des clôtures, surmontés de K-Way fluo, d'appareils photo et de jumelles.

Nous nous arrêtons. Descendons. Faisons quelques images. Repartons.

Plusieurs fois. Trop de fois.

Trois heures plus tard. Fin de chasse. L'orage est loin à présent, la nuit tombe. Nous sommes seuls au bord de la route, quelque part avant Sanderson. Aucune autre équipe n'a poussé jusqu'ici. Laetitia et Matthieu réfléchissent à notre point de chute pour ce soir. Alex me rejoint. Il me demande ce qui s'est passé au début de la chasse, pourquoi Laetitia a exécuté ce demi-tour suicidaire sur l'autoroute. Je lui raconte la pluie, la grêle, la panique de Matthieu, la colère froide de notre leadeuse... Il commence à se ronger les pouces: la réaction disproportionnée de Matthieu n'augure rien de bon pour la suite. Qu'en sera-t-il quand une tornade se formera devant nous?

« Désolé, la cuisine est fermée », nous explique la patronne du seul restaurant alléchant de Fort Stockton, où nous espérions nous restaurer. Je regarde ma montre: 21 heures. Aux États-Unis, on dîne tôt, surtout à la campagne. Le sort s'acharne sur nos estomacs vides. Nos chasseurs décident de rentrer au motel. Alex et moi faisons un détour par la station-service la plus proche pour attraper un paquet de chips et deux bières que nous dégustons sur le parking du motel, dans la douceur de la nuit texane et le grésillement des réverbères. Une jeep sale, immatriculée au Québec, bardée d'antennes et de grilles anti-grêlons, se gare à côté de nous. Quatre *storm chasers* en descendent – trois hommes et une femme –, des packs de Coors light et de Budweiser sous les bras. La joyeuse bande, bien éméchée déjà, nous salue et pénètre avec rires et fracas dans la chambre jouxtant celle d'Alex. Je me lève, avale ma dernière gorgée et, souriant malgré moi, lui souhaite bonne nuit.

PARIS, TEXAS

21 MAI 2015
FORT STOCKTON, TEXAS — HOBBS, NOUVEAU-MEXIQUE
643 km

Alex traverse le parking. Il a l'air des mauvais jours. Les Québécois ont passé la nuit à boire et à refaire le monde dans un crescendo sans fin, il n'a pas dormi. Je ne suis pas en forme moi non plus, des vortex m'ont pourchassé jusqu'au fond de mes cauchemars. Je ne peux m'empêcher d'y voir un signe: les cieux de mes songes sont trop bas pour qu'un malheur ne finisse pas par arriver.

Laetitia nous rejoint, les traits bouffis, préoccupée par Matthieu.

«J'ai pu discuter avec lui hier soir, nous explique-t-elle, je voulais comprendre pourquoi il avait eu si peur sous la grêle. Il m'a raconté qu'une chasse l'avait marqué, il y a un an ou deux. C'était à la campagne, il était sous un orage très violent, les foudres tombaient tout autour. Il s'est planqué sous un hangar agricole, mais une énorme averse de grêle a éclaté, ça claquait sur le toit de tôle, il a cru que tout allait s'effondrer.»

Elle s'arrête quelques secondes, se mord la lèvre.

«Je suis inquiète. Pour avoir une tornade, on va forcément traverser d'autres orages, rouler sous des trombes d'eau, se prendre de la grêle sur les bagnoles, est-ce qu'il pourra nous suivre jusqu'au bout?»

Silence. Chacun réfléchit. À trois contre un, nous pouvons lui imposer nos choix, mais s'il panique à nos côtés, ça va être compliqué.

Alex soupire: «OK, voilà ce que je vous propose. Si on a une chance de tornade et que Matthieu refuse d'y aller, Laetitia, tu montes avec nous dans la BM et on fonce, lui il se débrouille avec l'autre voiture. Ça vous va?»

Laetitia le regarde, hésite. Les *storm chasers* ne font pas ça en théorie, on ne laisse pas son partenaire au bord de la route. Matthieu pourrait se perdre, avoir un accident ou foncer droit dans l'orage; difficile ensuite de ne pas se sentir coupable. Elle scrute la ligne d'horizon comme si une réponse allait s'y former, attend un peu, puis se tourne vers Alex: «OK, ça marche pour moi», souffle-t-elle.

Je suis coincé. Je n'ai pas le courage de m'opposer. D'un signe de tête, je leur fais comprendre que je suis d'accord. Notre pacte est scellé.

Matthieu arrive. L'analyse des prév' tourne à l'affrontement. Laetitia, persuadée qu'aucun orage intéressant ne se déclenchera aujourd'hui, propose de remonter vers le Colorado – les prochaines journées s'y annoncent très orageuses –, mais Matthieu veut mettre le cap au sud, convaincu que des cumulonimbus vont éclater près de la frontière mexicaine. Le ton monte. Cinq minutes passent. À notre grande surprise, Laetitia capitule: «OK, va pour le sud, mais si tu te plantes, c'est moi qui décide les prochains jours.»

Matthieu réfléchit deux secondes, puis accepte le deal. À lui d'encaisser la pression, Laetitia va pouvoir se reposer.

Midi. Nous descendons la 67 vers le sud-ouest. La route, plate, bordée de plaines poussiéreuses parsemées de buissons rêches, trace droit dans la brume vers de petites montagnes aux contours flous. Il fait frais et nous roulons en respectant les limitations de vitesse. Alex et moi parlons peu. Une forme de mélancolie nous tient; déjà six jours que nous avons quitté la France, que nous avons troqué notre confort domestique pour errer sur ce territoire gigantesque, accumuler les cafés, les hot-dogs et les kilomètres, en bons soldats de la pluie, de la foudre, de la grêle, et sans qu'aucune tornade se dessine à l'horizon.

Au bout de la 67, nous prenons à droite et, 12 kilomètres plus loin, atteignons Alpine. La petite ville ne se présente pas au mieux, adossée à trois collines arides, noyée dans un brouillard poisseux, on dirait Twin Peaks, les sapins en moins. Lugubre. Nous longeons une sellerie, deux stations-service, un magasin de bricolage, puis, enfin, un restaurant, le Penny's Diner, sorte de boîte en métal tout droit sorti des *fifties*, d'un chrome aussi brillant que le pare-chocs d'une Cadillac, paré de néons rouges et bleus. Devant l'établissement, un cow-boy à la face burinée piétine la terrasse en faisant claquer ses santiags et ses éperons, une plume d'aigle coincée dans le bandeau de son stetson. Nous entrons. Alignés sur de hauts fauteuils contre le bar en formica, d'autres cow-boys dévorent des burgers de leurs doigts terreux. La patronne nous accueille en souriant et, de son double menton, nous indique une table au fond de la salle.

Nos plats arrivent rapidement. Matthieu mange avec appétit, persuadé de vivre son jour de gloire. Laetitia, les yeux dans le vague, picore ses frites avec mollesse. Elle n'a pas l'air bien. Alex lui demande ce qui se passe.

« Bof, je ressasse de vieux trucs, répond-elle. Je repense à ma thèse en astrophysique sur les galaxies abritant des trous noirs super massifs. Je n'ai jamais pu la terminer, car mon financement n'a pas été reconduit et le labo pour lequel je bossais ne m'a pas autorisée à la finir ailleurs, ils étaient copropriétaires des résultats... Trois ans de travail à la poubelle.»

Elle marque une pause, torture son club sandwich à coups de cure-dent, puis reprend: «Mon rêve, ce serait de bosser ici, aux États-Unis, au Storm Prediction Center, par exemple, pour étudier les orages, les tornades, améliorer les simulations et les moyens de détection... J'ai même apporté quelques CV au cas où je croiserais un chercheur influent.»

Elle se tait, sourit l'air de dire: «Ne vous apitoyez pas sur mon sort», mais personne n'est dupe. La blessure suppure encore. Pour gagner sa vie, elle travaille aujourd'hui comme professeure contractuelle dans un collège, donne des cours de maths, de gestion d'entreprise et d'informatique, sans passion. Le silence s'installe. Personne ne sait quoi dire. Je propose de repartir.

De l'autre côté d'Alpine, à mesure que nous descendons vers le sud, le décor change, la brume s'évanouit, le soleil réapparaît; armoises et mesquites capitulent au profit des cactus et autres plantes grasses, des ocotillos notamment dont les tiges tendues vers le ciel se pareront de fleurs écarlates dans quelques semaines. Plusieurs mesas nous toisent, coiffées d'une épaisse croûte noire, cicatrice d'une époque où la lave coulait à flots sur la région. Nous sommes entrés dans le désert de Chihuahua, le plus grand désert d'Amérique du Nord. L'été, les conditions y sont infernales : 38 °C à l'ombre, pas d'arbres, pas d'eau. Malgré cela, nous apercevons de temps en temps une caravane en aluminium garée à quelques encablures de la route. Qui peut bien vivre ici ? Des types en cavale ? Des survivalistes ?

15 heures. Après avoir longé la Bee Mountain, nous atteignons les faubourgs de Terlingua, prospère cité minière de la fin du XIXe siècle en pleine déliquescence. À son apogée, la ville abritait 2 000 âmes contre 58 aujourd'hui. Des préfabriqués et quelques maisons en bois cuisent sous les rayons du soleil, un motel végète en attendant d'hypothétiques clients et une église dort dans la poussière, simple rectangle jaunâtre sans clocher ni vitraux qui pourrait tout aussi bien servir de bureau de poste ou de prison. L'endroit est cinématographique, on jurerait qu'une équipe de tournage est partie en oubliant son décor – c'est d'ailleurs ici, dans ces paysages et dans cette ville, que s'ouvre le film de Wim Wenders *Paris, Texas*.

La Nissan bifurque et se gare sur le parking de la Quicksilver Branch Bank, dont l'apparente fraîcheur dénote au milieu des autres cahutes.

Sous le porche, quatre rocking-chairs se balancent dans le vent, comme si les fantômes de quelques vieux prospecteurs se reposaient à l'ombre de leurs économies. Je sors de la BM et m'installe sur l'un d'entre eux, heureux d'étendre mes jambes après tous ces kilomètres, malheureux de constater que le ciel est désert.

Une heure plus tard, Matthieu sort de la voiture, s'avance vers l'horizon, contemple l'azur, puis vient vers nous : « Bon, désolé les gars, je me suis planté. Laetitia avait raison, les orages vont passer beaucoup plus à l'ouest. »

Étonnamment, Alex prend cette annonce avec philosophie et lui dit : « C'est pas grave, ça arrive à tout le monde. »

J'aperçois derrière lui Laetitia reprendre sa place au volant de la Nissan, un léger sourire aux lèvres.

Nous repartons, reprenons la route par laquelle nous sommes venus. Le soleil rougit. Je conduis vitre ouverte pour sentir la fraîcheur du crépuscule et, sans y réfléchir, tends ma main à l'extérieur, la laisse dériver dans le courant. L'air pousse et glisse entre mes doigts, un frisson de plaisir remonte le long de ma nuque ; c'est l'heure parfaite des longues soirées de mai, l'heure intervalle, kidnappée à la nuit où tout semble s'aligner. Serrant mon volant, fixant la ligne droite qui file vers l'infini, musique à fond dans l'habitacle, je pense à Kerouac et à Cassady : j'aimerais qu'ils soient là avec nous, assis à l'arrière, qu'ils nous déclament des poèmes hallucinés, pleins d'énergie, de vibrations, de *pulse* comme ils disaient, qu'ils nous guident dans les méandres de ce voyage, cette folle envie de dépasser l'horizon, de foncer vers l'aventure, vers les rencontres, les joies, les peurs, de se confronter à l'altérité, à l'improbable enchevêtrement des événements, de s'en prendre plein la gueule et, peut-être, de s'y révéler.

Il y a cinq jours, nous atterrissions à Chicago. Aujourd'hui, nous avons presque franchi la frontière mexicaine. Qui sait où l'avenir nous emmène.

ROAD TRIP

22 MAI 2015
HOBBS,
NOUVEAU-
MEXIQUE —
LAMAR,
COLORADO
849 km

Lovington, McDonald, Tatum, les villes-carrefours se succèdent, entrecoupées de plaines hâves, sans haie ni futaie, où dans les années 1930 se levèrent d'impressionnantes tempêtes de poussière, les *black blizzards* qui jetèrent sur les routes de l'exil des milliers de familles, les Okies dont Steinbeck conte les malheurs dans *Les Raisins de la colère* et dont la détresse nous tord le ventre sur les clichés de Dorothea Lange.

Le regard perdu dans cette pampa, je m'imagine à leur place, apercevant au loin un mur de sable haut comme les falaises d'Étretat foncer sur moi ; dans mon transfert, je vois mes parents, ma sœur, mes voisins fuir à la recherche d'un refuge, j'entends les chiens aboyer, les vaches beugler, les chevaux hennir. La falaise se rapproche, de plus en plus haute, de plus en plus sombre, les rafales cinglent, le sable décape les murs, les portes, les volets, envahit tout.

«Je t'avais promis un pur road trip, je crois qu'on y est, me dit Alex en souriant, heureusement pour la production qu'on n'est pas payés au nombre de kilomètres.»

J'émerge de mes pensées. Le regarde. En effet, heureusement pour la production car Laetitia a décidé ce matin que nous partions chasser au Colorado et, selon le GPS, il nous reste 821 bornes à parcourir avant d'atteindre notre hypothétique point de rendez-vous avec les orages. Nous en avons déjà couvert 3700 ces derniers jours.

Laetitia pense que certaines cellules pourraient produire des tornades ce soir, mais cela reste à confirmer, pas d'emballement.

Clovis, Broadview, Grady. Nous continuons le long de la frontière Nouveau-Mexique/Texas par de petites routes. Passé Wheatland, une série de virages nous fait descendre dans le prodigieux canyon de la Canadian River. Au fond, la route traverse une steppe desséchée, constellée de pins pignons et de genévriers, où, autrefois, vivaient des Kiowas et des Comanches; aujourd'hui, des campeurs, à l'occasion.

Nous atteignons San Jon, continuons vers Porter. L'herbe se fait plus dense, plus verte. Des clôtures apparaissent. Derrière elles, des vaches noires broutent paisiblement, accompagnées parfois de quadrupèdes plus fins, aux poils fauve et blanc, aux cornes proches du chamois : des antilopes – *Antilocapra americana* ou *pronghorn* en anglais –, uniques représentantes de cette espèce sur le continent.

Enfin, la Nissan s'arrête. Il est 18 heures, nous avons trois quarts d'heure d'avance sur les orages. Après l'Illinois, le Missouri, l'Oklahoma, le Texas et le Nouveau-Mexique, nous voici au Colorado, à Kit Carson exactement, village baptisé ainsi en l'honneur du pionnier du même nom, héros de la conquête de l'Ouest et grand tueur d'Amérindiens. Laetitia et Matthieu nous proposent d'aller boire un verre de l'autre côté de la route, au Trading Post, sorte de saloon sorti tout droit du XIXe siècle, devant lequel sont garés quatre pick-up. Pas de chevaux ni de diligences.

À l'intérieur, quelques familles se pressent autour du buffet, bourrant leurs assiettes de côtes de porc et de purée sauce *gravy*. Au bar, casquettes sales sur la tête, trois ouvriers sifflent des bières en taquinant la patronne qui les rembarre ; ils se marrent. Nous nous installons, commandons une citronnade pour Laetitia, une *root beer* pour Matthieu, un Coca pour Alex et un autre pour moi, que je me permets d'agrémenter d'une part de tarte à la cerise, fameuse.

Trente minutes plus tard, « ça prend », faut y aller. Je quitte à regret les banquettes du restaurant.

Nous roulons 10 kilomètres en direction de l'ouest. La Nissan s'engage sur un chemin de terre ; un gros serpent dort au milieu de la piste, enroulé sur lui-même. Mes compagnons ne le remarquent pas et passent par-dessus. Trois cents mètres plus loin, on s'arrête.

Autour de nous, le paysage est dégagé, aucun relief, aucun arbre, aucun buisson, configuration parfaite pour observer des tornades. Les premiers cumulonimbus approchent déjà du sud-ouest. Laetitia s'empresse de jeter un œil sur les images radar, mais rapidement, de petits signes physiques nous font comprendre que les nouvelles ne sont pas bonnes. Après quelques instants de réflexion, elle se tourne vers nous : « Désolée, les gars, aucune rotation, c'est mort pour ce soir. »

Nouvel échec. Alex ne dit rien. Je me tais moi aussi, étonnamment déçu. Je ne sais plus quoi penser de cette chasse aux vortex : l'angoisse est toujours là, attisée chaque nuit par mes cauchemars, mais l'excitation de la traque finit par être contagieuse et j'aimerais qu'Alex soit soulagé de son fardeau ; il sait qu'aucune excuse ne sera assez bonne pour notre rédaction en chef : rentrer sans tornade ne lui sera jamais pardonné. Je le vois s'installer dans la BMW, baisser la vitre, allumer une clope. Je le rejoins, m'installe à côté de lui et mets de la musique – Radiohead encore, *In Rainbows.* J'abaisse mon dossier, la soirée peut être longue. Laetitia et Matthieu veulent rester faire des photos. Pour nous, pas besoin de filmer, l'orage et les foudres de Fort Stockton suffisent à notre reportage.

Les minutes passent et les premiers cumulonimbus défilent au-dessus de nos têtes sans éclater, énormes meringues volant au secours de géants affamés. Derrière cette première escadrille, une seconde approche, aux cellules plus denses, plus sombres, chargées de pluie et d'électricité. Bientôt, un grondement monte crescendo, puis le bombardement commence. La plaine se couvre de flashs et de zébrures phosphorescentes, la foudre frappe, le tonnerre roule sur la plaine. Le temps s'étire, la monotonie nous gagne.

Laetitia nous réveille. Il fait nuit noire. Quelques éclairs fulgurent encore au loin, mais le gros de l'orage est passé. Notre leadeuse arbore une mine réjouie, contente de ces photos et de sa soirée, on dirait : « Allez, on y va, les gars !

– Où ça ? maugrée Alex en se redressant.

– Pas très loin, à une heure de route environ.

– On reste au Colorado ?

– Oui, oui, on reste, ça s'annonce pas mal pour demain.

– C'est-à-dire ?

– Je veux pas trop vous faire rêver, mais ça sent bon la tornade. »

TORNADO HUNTERS

23 MAI 2015
LAMAR, COLORADO – WOODWARD, OKLAHOMA
680 km

J'ouvre les yeux sur le plafond du motel Super 8 de Lamar, repousse les couvertures et me dirige vers la fenêtre. Dehors, je contemple l'azur, les rues, le parking et, plus loin, les plaines du Colorado. Malgré l'annonce de Laetitia hier soir, j'ai du mal à croire que cette journée puisse nous conduire au pied d'une tornade : le ciel est trop bleu, la ville est trop calme, comment la mort pourrait-elle jaillir d'un tel panorama ?

Je passe un tee-shirt propre et un jean sale, puis descends rejoindre mes camarades. Une odeur écœurante de gaufres et de pancakes m'assaille dès le bas de l'escalier. La salle de petit-déjeuner est pleine de *storm chasers*, c'est bon signe. Comme d'habitude, Alex s'est réveillé avant moi et papote avec un gaillard d'une quarantaine d'années dont le bouc, les bouclettes et les lunettes profilées ne me disent rien, mais qu'ici tout le monde semble connaître. Laetitia et Matthieu ne s'y trompent pas et se précipitent vers lui dès qu'ils l'aperçoivent, il se présente : Greg Johnson, leader des Tornado Hunters.

En deux ans à peine, ce Canadien et ses acolytes, Chris Chittick et Ricky Forbes, sont devenus des stars de la discipline grâce à leurs photos et leurs vidéos de tornades aussi spectaculaires que terrifiantes. Ce matin justement, Greg finalise le montage de sa prochaine bande-annonce. Il nous propose de la visionner : explosions, cris, musique tonitruante, tous les artifices sont bons pour transformer leurs aventures en film d'action hollywoodien. Devant ces images, je sens mes angoisses se réveiller. Peut-être parce qu'il me voit pâlir, Greg s'approche de moi et me glisse dans l'oreille : « Toutes les tornades peuvent paraître énormes si tu t'approches assez près. »

Je souris par politesse, mais me promets de ne jamais l'imiter, cette méthode a ses ratés et Greg en sait quelque chose ; le 31 mai 2013, il a bien failli y rester.

Ce jour-là, le risque est maximal autour d'Oklahoma City. Les alertes s'enchaînent sur les ondes radio et les chaînes de télévision. Tous les chasseurs de tornades quadrillent la zone, excités comme des moustiques autour d'un halogène.

Dans l'après-midi, un énorme système orageux commence à survoler la Tornado Alley; plusieurs cumulonimbus entrent en rotation. À 18 heures et 3 minutes, les sirènes d'El Reno, 16 000 habitants, se déclenchent: une tornade vient de se poser à une dizaine de kilomètres du centre-ville, dans une zone agricole. Elle s'approche à grande vitesse et, rapidement, les chasseurs constatent qu'elle présente des caractéristiques rares: c'est une tornade multivortex. Dans son tourbillon principal, les vents soufflent à 300 kilomètres/heure et, à l'intérieur de celui-ci, certains vortex secondaires montent à 474 kilomètres/heure, du jamais-vu. La tornade fonce d'abord vers le sud-est, puis grossit et accélère avant de mettre le cap à l'est. Vingt minutes plus tard, elle traverse l'autoroute 81 au sud de la ville et bifurque encore, cette fois vers le nord-est à 80 kilomètres/heure. Soudain, elle double de volume et, en quelques secondes, passe de 2 à 4 kilomètres de diamètre; elle devient alors la tornade la plus imposante jamais répertoriée aux États-Unis.

Devant ce Golgoth imprévisible, la plupart des chasseurs décident de quitter le périmètre, mais les échappatoires ne sont pas nombreuses: les équipes positionnées au sud de la tornade se font cueillir par une averse de grêlons gros comme des boules de pétanque, celles au nord fuient vers

Oklahoma City et se retrouvent à la merci de la circulation et des feux rouges, certaines trop proches du vortex se font prendre au piège.

Parmi elles, l'équipe Twistex composée de Tim Samaras, légende de la discipline, de son fils Paul et de leur compère Carl Young, surprise dans leur petite Chevrolet Cobalt par l'élargissement de la tornade et ses changements de direction, se fait aspirer. Lorsque la voiture retombe au sol, totalement détruite, ils sont tous morts.

À quelques centaines de mètres de là, Greg et ses Tornado Hunters se font eux aussi prendre par le vortex, mais leur pick-up est beaucoup plus lourd. L'engin de 2 tonnes décolle du sol et lévite pendant quelques secondes avant de retrouver le plancher des vaches. Ricky met alors les gaz pour les sortir de là, au milieu d'une tempête de débris. Toutes les vitres de la voiture explosent.

À cet instant, à bonne distance, Laetitia suit les événements avec ses compagnons de chasse de l'époque. Ils ont crevé sur la route, ont perdu de précieuses minutes et n'ont pas pu se rapprocher à temps, une chance peut-être. Ils avaient croisé Tim Samaras trois jours plus tôt.

Après avoir grossi, la tornade continue sa route vers le nord-est, coupe l'autoroute, ralentit, puis se délite. Elle aura duré quarante minutes. En plus de l'équipe Twistex, cinq autres personnes sont mortes sur son passage et 151 personnes ont été blessées, mais ça aurait pu être pire : le tracé de la tornade a étrangement contourné la zone la plus habitée. Un miracle.

Sa vidéo terminée, Greg, totalement surexcité, nous propose de rencontrer le membre le plus important de son équipe et nous invite à le suivre sur le parking. Là, il s'éclipse. Drôle de bonhomme.

Deux minutes plus tard, le voilà qui déboule au volant d'un pick-up Ford F-150 orange fluo monté sur des pneus gigantesques. Il se gare, saute de l'engin et nous dit : « Voici Flash, c'est elle qui nous garde en sécurité dans les orages et vous savez quoi ? Elle est blindée ! Venez voir. »

Il court vers l'aile arrière gauche et pointe un léger renfoncement dans la carrosserie avec son doigt.

« Vous voyez ? L'année dernière, on était au Texas et on a demandé à deux jeunes femmes de tirer sur la voiture avec leur revolver... La balle n'a pas traversé. »

Je me penche, non seulement la balle n'a pas traversé, mais l'impact est si petit que j'ai du mal à le voir.

« Ce blindage est vital pour nous. Parfois, les tornades charrient des débris qui peuvent voler jusqu'à 300 kilomètres/heure, vous imaginez ce que ça peut faire... »

Je n'imagine que trop bien en effet. Notre amateurisme me saute soudain à la figure : comment nos véhicules pourraient-ils résister à une telle mitraille ? Comment avons-nous pu croire que nous pourrions chasser des monstres avec des SUV lambda ? Greg continue sa présentation, mais je n'écoute plus ; des tableaux morbides se forment dans mon cerveau, où Alex et moi agonisons dans la BMW, lacérés et démembrés par toutes sortes d'objets non identifiés, boulons, planches, cailloux et autres pales d'éoliennes rouillées.

Une heure plus tard, sur l'Interstate 50, nous intégrons une longue procession de voitures arborant des stickers *Tornado Watch, Trust me I'm a storm chaser* ou encore *Storm chaser, Do Not Follow.* Malgré mon appréhension, je dois reconnaître que l'environnement, comme hier soir, est idéal pour chasser : pas une colline, pas une bosse, pas un arbre ne nous obstrue la vue. Alex est monté à l'arrière de la Nissan et nous avons décidé qu'il en serait ainsi jusqu'à la fin de notre périple : alterner comme nous l'avons fait à Fort Stockton était une mauvaise idée, impossible de savoir quelles questions l'autre avait déjà posé et, à trop faire répéter nos chasseurs, ils risquent de se lasser. Et puis, comme ça, je peux organiser la BM de façon optimale : sur le tableau de bord, un appareil photo enregistre ce qui se passe vers l'avant quand je conduis; sur le siège passager, un autre appareil photo équipé d'un objectif 28-300 millimètres qui me sert à filmer tous les phénomènes météo et, à côté, une caméra Canon C300 pour tourner les séquences avec Laetitia et Matthieu; dans le vide-poche à ma droite, je dépose chaque matin des cartes mémoires vierges et des piles neuves qui atterrissent dans le vide-poche à ma gauche quand les premières sont pleines et les secondes vides; enfin, branché sur l'allume-cigare, un adaptateur électrique me permet de charger mes batteries en continu.

Nous dépassons Fort Lyon, Las Animas, puis continuons au sud de l'Arkansas River. Alex me prévient par talkie qu'un vortex s'est formé à une vingtaine de kilomètres; mon pouls change de tempo, je commence à transpirer. Dans mon rétroviseur, j'aperçois Flash remonter la file de voitures derrière moi. À ma hauteur, Greg me fait le V de la victoire. Je lui rends la pareille en tremblant.

Nous entrons dans la périphérie de l'orage. Au loin, une zone plus dense et plus foncée se détache, le centre du nuage, la base du cumulonimbus. Le ciel s'obscurcit et, dans cette lumière sépulcrale, les contrastes s'épaississent: au sol, les verts claquent; dans le ciel, les gris se chroment, les bleus se creusent. Nous continuons. À mesure que nous approchons de la base, une étrange excroissance s'en détache, sorte de sous-nuage fin et touffu comme la queue d'un renard, longue d'une centaine de mètres environ ; est-ce le début d'une tornade ? Va-t-elle basculer à la verticale et toucher le sol ? Le talkie-walkie reste silencieux, mes camarades ne ralentissent pas, j'espère qu'ils savent ce qu'ils font. De plus en plus de voitures se garent sur les bas-côtés et éjectent leurs chasseurs sur les talus. Nous ne nous arrêtons pas. Un kilomètre. Deux kilomètres. Des fourmis remontent le long de mes avant-bras, mes doigts se crispent sur le volant. Quatre, cinq kilomètres. Plus personne aux alentours. Sommes-nous allés trop loin ? Peut-être. La Nissan s'arrête précipitamment. Laetitia se rue vers l'extérieur, Matthieu fait de même. Alex les suit en filmant. Je me gare aussi, attrape ma caméra et cours les rejoindre, tournant la tête dans tous les sens pour voir si une tornade se forme quelque part, je ne vois rien. À la hauteur d'Alex, je lui lance un regard interrogateur, il me répond d'un petit mouvement du menton vers le ciel.

Je lève la tête.

Jamais de ma vie je n'ai vu une chose pareille.

Quelques mètres au-dessus de nous, le nuage immense tourne sur lui-même comme un carrousel sans fin, si bas que je pourrais presque en caresser le bois. Ça tourne, ça tourne, et je ne sais pas si je dois me réjouir.

« Dingue, non ? » me demande Alex.

Je croise son regard. Oui, c'est dingue. C'est même complètement dingue. Ma caméra pend au bout de mon bras. Le monde vacille sous mes pieds. Les lois de la physique, ou plutôt *mes* lois de la physique viennent de voler en éclats, la frontière entre le possible et l'impossible vient de s'effondrer ; je suis bouleversé, étourdi par ce mouvement obsédant que rien ne semble pouvoir arrêter, hypnotisé par sa circularité infinie qui m'apparaît soudain comme la clé de toute chose, l'origine du monde peut-être : je voudrais m'y blottir, m'y faire dorloter comme un galet dans la marée et, au même instant, je voudrais fuir loin d'ici, loin de cette bouche qui menace de m'avaler. Je ne bouge pas, incapable de réfléchir, ballotté entre terreur et fascination, entre répulsion et envie ; l'aquarium dans lequel je vivais depuis trente-trois ans vient d'exploser, je découvre la mer.

« On y va, les gars, faut se replacer, on la lâche pas ! » crie Laetitia.

La cellule glisse vers le nord-est.

« Elle peut poser une tornade ? demande Alex.

— Pas tout de suite, la rotation n'est pas assez forte, mais elle n'a pas dit son dernier mot. Vous avez vu Matthieu ? »

Dans la confusion, notre camarade a disparu. Je cherche à droite et à gauche, puis l'aperçois, 100 mètres plus loin, le long de la voie ferrée, photographiant les premières foudres de l'après-midi. Le tableau est magnifique : lui, debout, droit, vêtu d'un blouson noir sur le paysage vert, fixant l'horizon entre deux panneaux *Rail Road Crossing*. Je pose ma caméra sur mon trépied, cadre et déclenche ; deux éclairs violets s'abattent sur la ligne d'horizon face à lui. Je souris, c'est dans la boîte. Je veux mettre à profit les secondes qui suivent pour faire d'autres images, mais suis gêné par quelque chose dans le coin supérieur gauche de mon viseur, comme un fil qui se balancerait dans le ciel. Je me redresse : sur la ligne électrique au-dessus de moi, un serpent desséché pend comme un vieux bas sur une corde à linge.

« Une tornade, mec », me lance Alex, hilare.

Je me raidis. Véridique ? Mauvaise blague ? Et comment ce reptile serait-il arrivé là sinon ? Quelle que soit la réponse, je ne peux m'empêcher d'y voir un mauvais présage ; la mort me regarde droit dans les yeux, langue pendante. Combien de temps, de chaudes journées et de rafales faudra-t-il avant que la peau de ce serpent craque et que son cadavre tombe en morceaux sur le sol ? Je n'ai pas le temps de chercher la réponse, Matthieu passe devant moi comme une fusée, puis saute dans la Nissan. Alex lui emboîte le pas. Je m'élance à mon tour. Laetitia, qui trépigne depuis cinq minutes derrière son volant, démarre en trombe.

Nous reprenons la 50 dans l'autre sens, traversons à nouveau le peloton des *storm chasers*, dépassons Las Animas, puis prenons plein nord par l'Interstate 287. Six kilomètres plus loin. La Nissan s'engage sur un chemin de poussière, fait 200 mètres et s'arrête. Une fois encore, nous sommes seuls ; des corbeaux sautillent dans les champs de petits-pois, un chien aboie sans discontinuer. Laetitia et Matthieu sortent et braquent leurs appareils photo vers le sud-ouest. À l'horizon, au-dessus des parcelles agricoles et des fermes isolées, tel un vaisseau fantôme, la cellule avance vers nous, toujours en rotation. Des stalactites vaporeuses jaillissent de son ventre et s'étirent vers le sol, lèchent la cime des arbres, frôlent les silos à grains ; des roulements de tonnerre sourdent de la plaine, l'obscurité gagne, les corbeaux croassent à pleins becs. Je place mon œil dans le viseur, cadre le nuage noir dont l'avant fonce sur nous comme une vague scélérate. Très vite, des bourrasques fouettent nos visages, de plus en plus fraîches, de plus en plus fortes. Je commence à m'inquiéter, mais nous restons en position. Les secondes passent et le vent augmente de façon exponentielle, chaque rafale nous gifle un peu plus. J'ai peur.

« On se casse ! On se casse ! hurle soudain Laetitia.

— Qu'est-ce qui se passe ? demande Alex. Une tornade ?

— Non ! Plutôt l'arcus, je pense ! Mais vu comme ça augmente, on ne sait pas ce que ça peut donner ! Faut se barrer tout de suite ! »

Je ne demande pas mon reste et détale sans savoir ce qu'est un arcus. Laetitia et Matthieu bondissent dans la Nissan, prêts à déguerpir, mais Alex continue de filmer l'orage. J'ouvre ma vitre : « Alex, on y va ! Laisse tomber ! »

Pas de réponse. Les rafales lèvent des gerbes de poussière, des gravillons claquent contre ma portière.

« On y va, putain !

— Juste une dernière image, j'arrive ! »

Il n'a pas conscience du danger. Laetitia est obligée de s'y mettre : « Alex, maintenant ! »

Mon collègue la regarde, réfléchit une seconde, puis pique un sprint. La Nissan décolle direct. Au bout du chemin, elle reprend la 287, vers le sud cette fois et à toute blinde.

« Simon, accroche-toi, va falloir passer à travers ! » me prévient Alex dans le talkie.

Déluge de grêle. Putain. En une seconde, je ne vois plus rien, mes essuie-glaces sont à l'agonie, j'ai chaud, la sueur perle de mes sourcils et me brûle les yeux. Laetitia accélère encore. Dans ma tête, les questions se bousculent : des grêlons plus importants nous attendent-ils devant ? Une tornade est-elle en train de se former quelque part dans cette purée ? Je roule à l'aveugle, au propre comme au figuré. Les rafales nous rossent par la droite. Je serre mon volant et compense pour ne pas dériver sur l'autre voie, où des camions jaillissent périodiquement du néant. Je me demande à quel moment l'un d'eux va quitter sa trajectoire pour me faucher en pleine course.

Les minutes passent, l'averse ne faiblit pas. J'essaie de maintenir une distance de sécurité avec la Nissan, mais j'ai la hantise de perdre mes compagnons. Nos talkies-walkies ont une portée très faible et, dans cette zone, nos téléphones ne captent pas. Sans eux, sans l'ordinateur et les images radar, je risque de foncer dans la gueule du loup.

Quatre kilomètres. La Nissan prend à droite. Au bout de la route, un parking de terre battue.

« On reste là, on attend que ça passe, me dit Alex dans le talkie.

– OK, ça marche. Tout va bien ? Aucune tornade en vue ? »

Pas de réponse. Ce silence est insupportable. Entre deux passages d'essuie-glaces, j'aperçois les silhouettes de Laetitia et de Matthieu penchées sur l'ordinateur. Alex tient sa caméra braquée sur eux, il est occupé. Peut-être devrais-je sortir et aller l'aider, je ne sais pas. À l'autre bout du parking, trois motards font le dos rond près de leurs Harley-Davidson, blousons de cuir sur la tête pour se protéger des grêlons. Je pense d'abord leur proposer de s'abriter dans ma voiture, puis me ravise et saisis ma caméra, cette image résume bien notre reportage, bienvenue dans l'Amérique des grands espaces et des intempéries.

Le déluge se relâche enfin. J'abaisse ma vitre pour aérer la BMW, une odeur pestilentielle envahit l'habitacle. D'où peut bien provenir cette abomination ? Je cherche autour de moi et aperçois des silos hauts de 20 mètres : ce parking vide est celui d'une ferme bovine industrielle. Depuis notre entrée dans le Colorado, nous en avons vu plusieurs du même type, symboles des dérives de l'agriculture productiviste : dans des dizaines d'enclos bien alignés, entre des tapis roulants et des tuyaux de métal, des centaines de bœufs piétinent à longueur de journée un sol vierge de tout brin d'herbe et recouvert d'une matière noirâtre dont il est impossible de deviner à l'œil nu s'il s'agit de leur nourriture, de leur bouse, ou des deux.

Alex émerge de la Nissan et court vers moi sous les restes de l'averse. Je lui cède ma place au volant, je n'en peux plus.

« Putain, je suis dégoûté, on n'était pas loin de la tornade cette fois, se plaint-il, apparemment, l'orage manquait de puissance, c'est tout. »

Il se bouffe le pouce, le poing serré, le cou tendu. Je ne sais pas quoi dire pour le rassurer, je ne peux pas lui promettre que ça ira mieux demain. Le talkie crachote : « Les gars, pour ce soir, on vise Oklahoma City », annonce Matthieu.

Six cent cinquante kilomètres, pas si terrible ; après une semaine à chasser sur ce territoire gigantesque, notre échelle des distances n'est plus la même. Il est 18 heures, nous devrions arriver vers minuit. Nos compagnons prennent les devants, cap à l'est. Cinq cents mètres plus loin, le soleil déchire sa camisole de nuages et nous offre un magnifique double arc-en-ciel au-dessus de la plaine. C'est beau, il faudrait s'arrêter pour filmer. Je ne dis rien, Alex non plus.

D'épais nuages masquent les étoiles. Quelque part au confluent du Colorado, du Kansas, du Texas et de l'Oklahoma, nos phares suivent de longues lignes blanches dont il semble que nous n'atteindrons jamais la fin. Aucune présence humaine ne luit aux alentours, aucune ville, aucune ferme, nous sommes seuls dans l'obscurité et l'immensité américaine.

J'ai repris le volant, trois heures qu'Alex roulait. Des phares apparaissent dans mon rétroviseur, nous rattrapent et se décalent pour nous doubler. À cet instant précis, un animal non identifié jaillit du terre-plein central. Si je tourne à droite, je nous envoie dans le décor ; à gauche, je dégomme le pick-up dans mon angle mort. Je serre le volant de toutes mes forces. Bam ! Choc puissant au niveau de la roue avant gauche.

« Putain ! Ça va ? » demande Alex.

Je lui fais signe de se taire, je veux écouter le moteur. Pas de bruit inquiétant, la direction ne semble pas faussée non plus.

« Oui, ça à l'air d'aller. Par contre, faudrait faire demi-tour pour s'assurer que la bête n'obstrue pas la chaussée, dis-je.

– Laisse tomber, on a perdu Laetitia et Matthieu et nos talkies sont hors de portée maintenant, si on les retrouve pas rapidement, c'est la grosse galère. »

En effet, les phares arrière de la Nissan ne sont plus là. Nos compagnons n'ont rien vu et ont continué sur le même rythme. Avant d'accélérer, je jette un œil dans mon rétroviseur : les ténèbres se sont déjà refermées sur notre crime.

La Nissan réapparaît cinq minutes plus tard. Ne nous voyant plus derrière eux, nos camarades ont ralenti. Alex saisit le talkie, explique ce qui s'est passé et leur demande de s'arrêter à la prochaine station-service. « Pour vérifier la BM, simple précaution. Les voitures allemandes, c'est du solide ».

Mais sous les néons de la station, force est de constater que la robustesse germanique a ses limites : l'intérieur du passage de roue avant gauche est totalement défoncé, une partie du pare-chocs ballotte sous la carrosserie et une prise d'air ne tient plus que par un mince bout de plastique. La logique voudrait que nous trouvions un motel dans le coin pour y passer la nuit et que nous appelions l'agence de location demain ; mais demain, c'est dimanche et ils risquent de ne pas pouvoir nous livrer un nouveau véhicule avant lundi. Perdre deux jours de chasse est un luxe que nous ne pouvons pas nous offrir. Notre vol retour vers la France décolle vendredi soir de Chicago. Il faut trouver une autre solution. Je me glisse sous le châssis, inspecte la mécanique avec mon téléphone portable : elle semble intacte. Je me lève, fouille quelques instants dans le coffre, puis reviens avec les rouleaux de gaffer achetés au Walmart de Springfield le premier jour.

« Du scotch ? » s'étonne Matthieu.

Je souris : « Quelqu'un a une meilleure idée ? »

Personne ne répond. Je m'allonge à nouveau sous la voiture, arrache la prise d'air moribonde, puis, à coups de longues bandes noires, recolle la partie inférieure du pare-chocs et confectionne une sorte de pansement à l'intérieur du passage de roue. Ce rafistolage tiendra-t-il sous des trombes d'eau ? Je n'en sais rien.

Nous repartons à une allure mesurée. Il est presque 1 heure du matin et nous sommes exténués. Alex et moi essayons de rassembler nos souvenirs pour définir quel animal a bien pu se jeter sous nos roues. Nous avons beau nous repasser la scène au ralenti, analyser l'image fugace de cette bête dans la lueur de nos phares, nous ne voyons pas : c'était un quadrupède à poil gris, qui courait vite, de la taille d'un gros blaireau ou d'un petit ours, mais qui n'était ni l'un ni l'autre, ni non plus un sanglier, un lynx ou un petit puma. À court d'idées, nous décidons qu'il s'agissait d'un raton laveur géant*.

* Des années plus tard, un cow-boy du Wyoming à qui je racontais cette mésaventure me suggéra qu'il aurait pu s'agir d'un pécari car « y en a plein au Texas ». Cette hypothèse me semble aujourd'hui la plus probable.

LOSERS

24 MAI 2015
WOODWARD, OKLAHOMA — OKLAHOMA CITY, OKLAHOMA
750 km

Je suis devant une maison typique de la campagne américaine, une maison sur deux étages, en bois, jaune, avec un perron et des rocking-chairs. Elle n'a pas l'air neuve, la peinture pèle par endroits comme sous l'effet d'un mauvais coup de soleil. C'est le début du printemps, la pelouse piquée d'or repousse à peine et les grands arbres sous lesquels je me tiens n'ont pas de feuilles. Leurs branches oscillent sous la brise et emplissent l'espace d'un bruissement fragile. Je me tiens debout, immobile, les yeux absorbés par ce tableau, à 30 mètres de la porte d'entrée ; la seconde suivante, je suis à l'intérieur, contemplant le paysage situé de l'autre côté de la maison à travers les larges fenêtres du salon. Un petit jardin domine une plaine interminable striée de sillons qui s'en vont buter sur une colline à l'horizon. Près de la fenêtre, un vieil arbre à l'écorce noueuse toise les hectares étalés devant lui, des bourgeons percent sur ses bras grêles. Quelqu'un parle derrière moi. Je me retourne. Alex. Il a l'air détendu. Il me dit : « C'est super quand même », puis sort de mon champ de vision. Dehors, le soleil descend vers le couchant, la plaine se teinte de reflets ocre. Je pourrais rester des heures à contempler ce spectacle, à attendre que l'étoile du Berger pointe dans le ciel, que le vieil arbre se lie à la nuit. Ici, je me sens bien, en sécurité, et je sais pourquoi : la vue dégagée sur l'horizon offre une échappatoire à mes angoisses, si *quelque chose* approche, nous aurons le temps de nous préparer. Sur la cheminée, un petit poste radio diffuse de la musique country, je ne sais pas depuis combien de temps. Soudain, la musique s'arrête. Je me fige. Une voix grave se met à parler : « Chers auditeurs, nous interrompons nos programmes à la demande des services météorologiques de l'État de l'Oklahoma. Une tempête de forte intensité s'est levée et se dirige rapidement vers le nord-est. Cette tempête pourrait générer plusieurs tornades. Nous demandons à tout le monde de se mettre à l'abri. »

Le salon s'assombrit ; je n'ai pas besoin de regarder par la fenêtre pour savoir que la tempête est déjà là. Au loin, la colline a disparu, avalée par le tsunami de poussière qui déferle vers moi. Des foudres bleues tailladent son avant-garde.

L'atmosphère gronde. Je suis pétrifié, mes yeux ne peuvent se détacher de l'inéluctable. Tout à coup quelque chose émerge du nuage, ce *quelque chose* que je redoutais et – il faut bien l'avouer – que j'attendais. Un pédoncule noir, qui s'enroule autour d'un axe invisible, le dos droit, les épaules larges, fier de sa laideur. Le monstre vient me chercher, je le sais. Soudain, j'entends des enfants jouer dehors. Je me précipite vers l'entrée et leur crie : « Tout le monde à l'intérieur ! Vite ! Vite ! » Ils m'obéissent, sprintent, disparaissent dans la maison. La luminosité baisse encore, je n'ai plus beaucoup de temps. J'avise un recoin entre un guéridon et une paroi en bois. Je m'assois dans l'angle, me blottis contre le mur. La tornade est déjà là. Son vrombissement remplit le monde. La maison commence à trembler. Des clac, clac, clac résonnent un peu partout ; les débris percutent les murs, les volets, les fenêtres, la porte d'entrée. Le bruit est énorme. Je serre les dents, me retiens de crier. Je veux que ça s'arrête. Tout à coup, les vitres explosent, des éclats de verre, de bois, de terre fusent dans tous les sens. Je plonge ma tête dans mes bras pour me protéger, je voudrais disparaître. Un craquement effrayant déchire mes tympans : le toit s'est envolé et, à la place, une gueule béante hurle dans la nuit. Je lève les yeux. Dans son œsophage noir, j'aperçois des lambeaux d'arbres, de toiture, de planches tourbillonner puis disparaître. La tornade avale tout ce qu'elle trouve autour de moi : bibelots, cadres, bougies, plantes vertes. Je pousse sur mes jambes et mes bras pour ne pas m'envoler moi aussi, peste contre ce dos qui ne veut pas se ventouser à la paroi. Je suis perdu. Soudain, au milieu du fracas, traîné sur le sol par cette force invisible, un enfant apparaît. Il est en train de se faire aspirer. Ses petites mains raclent le parquet à la recherche d'une prise pour se retenir, ses ongles saignent, il crie, pleure et si je ne fais rien, le monstre va l'engloutir. Je m'avance et l'attrape par le poignet, mais à peine l'ai-je saisi que son corps s'élève, aspiré par la bouche insatiable. Les yeux luisants d'horreur, jambes en l'air, l'enfant hurle, m'implore de ne pas le lâcher. Je le serre, mais son petit poignet glisse lentement, la tempête est trop forte. Je sens sa paume passer dans ma paume, ses doigts filer entre mes doigts et au moment où nos phalanges se quittent, son cri me foudroie.

Yeux ouverts. Nouvelle chambre. Nouveau motel. Courbatures. Mal de dos. Mal de tête. Chasser des tornades aujourd'hui me semble au-dessus de mes forces.

Sur le parking, la BM fait pitié avec son grand pansement noir sur son aile blanche. Alex est là, appuyé contre la carrosserie, il n'a pas l'air en forme lui non plus. Laetitia nous rejoint et annonce qu'il n'y aura aucune tornade dans le coin aujourd'hui, je respire, mais elle reprend: « Par contre, j'ai repéré une cellule au Texas, je la sens bien, y aura peut-être *quelque chose* et on sera seuls sur le coup, car toutes les autres équipes vont chasser des foudres au Colorado. »

J'ai envie de pleurer. De colère. De fatigue.

Nous partons.

Le panhandle texan n'offre aucune distraction à nos regards. L'ennui pousse comme du chiendent sur ces plaines infertiles. Mes pensées veulent fuir ce présent auquel elles ne trouvent aucun sens, dépasser l'horizon; que se passe-t-il dans le reste du monde? En France? À Paris? Je n'ai pas regardé ni écouté les infos depuis notre arrivée. Rien d'autre n'existe que cette odyssée, le ciel, les nuages, la route, les stations-service, les motels, rien d'autre que cette interminable dérive sur un territoire gigantesque, que cette quête idiote d'un phénomène éphémère, imprévisible, destructeur, aiguillée par des simulations météorologiques et les intuitions de notre capitaine. Quels matelots seraient assez masos pour partir à la recherche du chaos?

Un chant mélancolique s'élève de l'autoradio. Patrick Watson. Je pense soudain à cette petite maison de pierre que je connais depuis ma naissance, dans le Cotentin, une maison de pêcheur au parquet qui craque, au papier peint fleuri qui se décolle dans les coins et aux clenches fatiguées, une maison qui transforme chaque ondée en symphonie tant le toit y est fin, tant le vent s'y empale, une maison dans laquelle mes ancêtres sont morts et sont nés, où je sais pouvoir m'abriter des emmerdes et des intempéries. Au troisième couplet, Watson chante :

By the cracks of the skin
I climbed to the top
I climbed the tree to see the world
When the gusts came around to blow me down

Par les fissures de l'écorce
J'ai grimpé jusqu'au sommet
J'ai grimpé jusqu'au sommet de l'arbre pour voir le monde
Quand les rafales sont arrivées pour me faire tomber

Je frissonne. Si Laetitia ne s'est pas trompée, les rafales ne vont pas tarder à souffler. Ma petite maison de pierre est à 8 000 kilomètres d'ici.

Midi. Nous entrons dans Clarendon, Texas. Nos compagnons ralentissent, ils cherchent un endroit pour attendre la cellule orageuse et son hypothétique tornade. Ont-ils choisi cette ville dans l'espoir d'un miracle ? Le long de l'artère centrale, tous les 100 mètres environ, une grande croix blanche se dresse, accompagnée parfois d'un panneau publicitaire au slogan prometteur : *« God loves you, always has! »*, *« Jesus, do you know him? »*, ou encore : *« Jesus, the only way to heaven. »* Onze églises y donnent la messe plusieurs fois par jour. Pourtant, il ne fait aucun doute que la route du paradis ne passe plus par ici depuis longtemps ; toitures trouées, peintures écaillées, jardins à l'abandon, commerces fermés et panneaux *For Sale* se multiplient comme des petits pains, seules les solderies, les casses automobiles et les stations-service ont l'air bien portantes. Dans ces petites villes de campagne situées loin des pôles dynamiques, le rêve américain est, sinon une vaste blague, un lointain souvenir. Qu'ils y aient vécu toute leur vie ou qu'ils y aient échoué après un licenciement ou une séparation, leurs habitants y croupissent, coincés dans le provisoire, condamnés à trouver comment remplir l'estomac de leurs gosses ou le réservoir de leurs voitures. Nous nous garons sur le parking d'une des stations, à côté d'un gros pick-up abritant deux *storm chasers* américains ; pour la gloire en solo, on repassera.

13 heures. Affalés dans la BM, portières grandes ouvertes, Alex et moi contemplons les allées et

venues des clients. La plupart ne viennent pas se ravitailler en essence, mais faire le plein de chips, d'alcool et de cigarettes. Vers 13 h 30, une Toyota Corolla piquée de rouille s'arrête. Un homme d'une trentaine d'années en descend, cheveux longs et sales, accompagné de deux enfants en bas âge, tous en pyjama. Ils ressortent cinq minutes plus tard, un pack de bière pour lui, des Doritos pour eux.

14 heures. J'avais espéré que mon petit-déjeuner me permettrait de tenir la journée, mais mon estomac ne l'entend pas ainsi. Je me résous à aller acheter un sandwich au Subway attenant à la station. Mon corps n'en peut plus de cette *junk food*, il rêve d'une salade à l'huile d'olive, de fruits, de légumes frais, mais ici ça n'existe pas.

15 heures. Impossible de faire la sieste, le grésillement ininterrompu du transformateur électrique situé juste derrière le parking me tape sur le système. Laetitia et Matthieu ne décollent pas de leur voiture, vérifient sans cesse les simulations ; ils semblent moins confiants. Le ciel est parfaitement bleu.

16 heures. Toujours aucun nuage à l'horizon. La journée s'engourdit, l'ennui nous assomme. Je pense à Drogo dans *Le Désert des Tartares*, perché sur son rempart, attendant une vie entière que des ennemis se présentent ; à Aldo fixant la mer des Syrtes, bouillant de voir le Farghestan ; au

capitaine Achab, debout contre le bastingage, enrageant de ne pas trouver Moby Dick ; je pense à l'adolescence, aux longs dimanches chez mémé, aux heures de cours passées le regard tourné vers la fenêtre.

18 h 30. Mon bras commence à me faire mal. Depuis une heure, Alex et moi nous lançons un mini-ballon de football américain *made in China* que nous avons acheté au Family Dollar le plus proche.

La tornade ne viendra pas. Même si Matthieu et Laetitia ne nous ont rien dit, nous avons compris. Les chasseurs américains sont partis il y a plus de vingt minutes. La petite famille en Toyota Corolla est repassée une fois faire le plein de bières et de chips.

19 heures. Matthieu vient nous voir, l'air contrit : « Les gars, on est désolés, on s'est complètement plantés. Laetitia ne se sent pas très bien. »

En effet, recroquevillée sur son siège, notre leadeuse pleure à chaudes larmes et, d'un signe, nous fait comprendre qu'elle veut qu'on la laisse tranquille.

20 heures. Le soleil flirte avec l'horizon. Dans trois quarts d'heure, il fera nuit. Matthieu retourne voir sa partenaire. Lui qui, depuis le début, était un peu sec, se révèle très attentionné dans ce moment compliqué. Il nous appelle.

Laetitia s'accable: elle est nulle, nous n'arriverons jamais à voir une tornade. Nous essayons de dédramatiser, lui rappelons ses succès récents: les tornades presque interceptées à Iraan, les foudres de Fort Stockton, la rotation d'hier dans le Colorado, en vain. Alex tente de la sortir de sa spirale en l'interrogeant sur notre programme de demain: « Tu as une idée de l'endroit où il faudrait se placer ? »

Elle ouvre son ordinateur, passe d'une simulation à l'autre, revient en arrière, consulte ses cartes, se ronge les ongles, soupire, pleure encore. Elle est perdue.

20 h 30. Matthieu revient vers nous. Du bout des lèvres, Laetitia s'est prononcée pour Wichita Falls, à deux heures trente de route en direction du sud-est. Il pense que c'est une bonne idée. N'importe quel endroit sur Terre sera toujours mieux que ce parking. Adieu, Clarendon, à jamais.

22 h 45. Au détour d'un virage, le halo lumineux de Wichita Falls chatoie dans les ténèbres, d'ici quelques minutes nous serons au motel, mais, sans prévenir, la Nissan quitte la route et s'arrête au pied d'un hangar désaffecté. Laetitia, les joues rouges de sanglots, nous explique qu'elle s'est encore trompée, qu'il faut aller dormir à Oklahoma City.

« OK, c'est à combien de temps d'ici ? demande Alex

— Un peu plus de deux heures. »

Je soupire, overdose de kilomètres.

« Pas de problème », répond Alex après avoir marqué une seconde d'hésitation.

Il fatigue aussi, c'est nouveau.

1 heure du matin. La skyline d'Oklahoma City se découpe enfin sur la ligne d'horizon, je n'y croyais plus. Un motel au bord de l'autoroute a encore des chambres pour nous. La réceptionniste, 25 ans maximum, arbore une quarantaine de piercings sur le visage. Je lui demande si elle sait où je pourrais trouver quelque chose à manger en pleine nuit. Sans surprise, elle me répond : « À la station-service. » L'idée d'un énième hot-dog me donne la nausée, mais je n'ai rien mangé depuis ce midi. Alex m'accompagne, Laetitia et Matthieu vont se coucher.

Assis sur un bout de trottoir devant la station, je mâchouille mon sandwich sans plaisir, abruti de fatigue, absorbé par le ballet des automobilistes. Soudain, une très forte impression de *déjà-vu* me saisit : la disposition des pompes à essence, le drive-in en face, l'échangeur et le pont sur la droite me sont familiers. Alex confirme : c'est bien ici que nous nous sommes arrêtés la nuit dernière pour réparer la BMW. Un vertige me gagne ; en vingt-quatre heures, nous avons parcouru 750 kilomètres, attendu des heures sur un parking, vu la confiance de notre leadeuse s'effondrer pour se retrouver exactement au même endroit, sans tornade. L'ironie de la situation me fait sourire, mais la saucisse a du mal à passer.

2

Pendant qu'on traversait
le Missouri, un orage
miraculeux a éclaté, le
firmament n'était plus qu'un
pandémonium électrique.
Dans le car, tout le monde était
terrorisé. J'ai dit : « N'ayez pas
peur, ce n'est qu'un Signe. »

Sur la route,
le tapuscrit,
Jack Kerouac

LE DÉLUGE

25 MAI 2015
OKLAHOMA CITY, OKLAHOMA — ARDMORE, OKLAHOMA
560 km

Il n'est pas 14 heures, mais déjà les nues se drapent de leur manteau d'orage, le vent se lève, des éclairs percent à l'horizon. Notre convoi traverse de nouvelles plaines dont les herbes desséchées trahissent les dernières survivances de l'hiver. Ici et là, des vaches ruminent paisiblement, accompagnées parfois d'antilopes qui nous scrutent de leurs yeux noirs. Sur les panneaux, plusieurs noms de villes, Chickasha, Ninnekah, Agawam, Geronimo, nous rappellent qu'autrefois des Amérindiens vivaient ici.

Nous franchissons de nouveau la Red River, retrouvons le Texas.

Le talkie-walkie s'anime, c'est Laetitia : nous devons bifurquer vers l'est et rouler encore une heure trente, un large groupe de cellules orageuses transhume en direction du nord-est. Son ton est sec et déterminé, loin de sa détresse de la nuit passée ; l'aurore l'a trouvée revancharde et décidée à mettre en place une nouvelle doctrine : tenter le tout pour le tout, quitte à prendre plus de risques.

Gainesville. L'orage rôde autour de nous, mais ne frappe pas encore. Les feuilles volent et valsent au-dessus des pavillons cossus aux gazons bien tondus. Sur les trottoirs, sur les perrons, derrière les fenêtres, personne. Soudain, des sirènes se déclenchent : *Tornado Warning*. Mon cœur fait un bond. C'est la première fois que je les entends réellement ces sirènes, pas sur YouTube, pas dans mes cauchemars. J'aperçois une famille entière, parents, enfants, labrador, jaillir d'une maison sur ma droite, courir dans le jardin, ouvrir une porte blindée à même le sol et se réfugier sous terre dans leur abri anti-tornade. La voix d'Alex résonne dans le talkie : « T'inquiète, Laetitia ne pense pas qu'une tornade va se poser ici, les conditions ne sont pas réunies, tout va bien, on continue plein nord. »

J'inspire profondément.

Marietta. Suaire de nuages gris, foudres violettes, silence macabre. Personne, pas même une voiture. Boutiques, banques et administrations ont baissé le rideau. Dans la rue principale, le vent s'engouffre sans résistance, de petits tourbillons naissent au gré des rafales comme autant de mauvais génies ; décor idéal pour film de zombies.

Une cloche tinte tout à coup. Ding, ding, ding, ding, ding. Trop aigu, trop rapide pour le carillon d'une église. Je regarde autour de moi. À 150 mètres, deux feux rouges clignotent de part et d'autre de la chaussée : un passage à niveau. La barrière descend. Nous avançons jusqu'à elle, passons devant la caserne des pompiers, abandonnée elle-aussi. Nous attendons. Trente secondes. Une minute. Pas de train. La cloche s'égosille dans le vide. Deux minutes. Toujours rien. Est-ce un signe ? Une force supérieure tente-t-elle de nous dire : « N'allez pas plus loin » ? Trois minutes. La voix d'Alex crachote dans le talkie : « Simon ? T'inquiète pas, *ça* arrive de derrière, *ça* va secouer un peu. »

Ça ? Mais de quoi parle-t-il ? Je regarde dans mon rétroviseur et vois une nuée blanchâtre nous foncer dessus. L'apocalypse commence. Des trombes d'eau s'abattent sur la voiture dans un fracas d'enfer, des rafales cognent de tous les côtés, la BM tangue comme jamais. Je panique et crie dans le talkie :

« Alex ! Qu'est-ce qui se passe ?

– On entre dans la machine à laver ! T'inquiète ! Dès que la barrière se lève, on fonce tout droit ! »

Mais la barrière ne bouge pas. Je maudis le type de la compagnie ferroviaire qui a dû mal régler ce passage à niveau, je maudis ce reportage, je maudis mes compagnons et la nouvelle doctrine de Laetitia, quand, dans un mugissement atroce, un phare blanc perce les profondeurs de l'averse : le train, enfin. La locomotive passe devant nous dans une lenteur d'un autre siècle, suivie de son interminable chapelet de wagons métalliques, rouges et bleus, bourrés de céréales et autres matières premières. Les secondes s'égrènent lentement, la tempête ne faiblit pas : des hallebardes continuent de matraquer mon capot, mon pare-brise, mon cerveau. Je m'impatiente. Le convoi fait plusieurs centaines de mètres. Bientôt, les conteneurs de marchandises sont remplacés par des citernes de pétrole, impressionnantes cuves noires hautes sur roues, comme celles que j'avais vues se consumer dans les ruines de Lac-Mégantic au Québec* lors d'un précédent reportage.

L'ultime wagon crisse enfin devant moi et disparaît dans l'averse. La barrière se lève, mes collègues accélèrent. Je les suis. Je ne peux m'empêcher de penser que je viens de rater le coche : j'aurai dû abandonner ici, faire marche arrière, accepter ma faiblesse, mais c'est trop tard, en traversant la voie ferrée, j'ai plongé dans l'irrémédiable. Derrière moi, le carillon continue de sonner dans le vide, comme un dernier avertissement avant la mort.

* Le 6 juillet 2013, vers 1 heure du matin, un train transportant 72 citernes de pétrole déraille en plein centre-ville de Lac-Mégantic. Plusieurs citernes explosent et déclenchent un terrible incendie. Quarante-sept personnes, qui profitaient de cette belle nuit d'été, meurent dans l'accident.

Cette fois, c'est le déluge, le vrai, pire que tout ce que nous avons affronté depuis notre arrivée. Les gouttes s'écrasent par millions sur la BMW en cascades ininterrompues. Une main sur le volant, l'autre sur la caméra posée devant moi, je conduis comme je peux, les yeux rivés sur les phares arrière de la Nissan, la peur au ventre. Mes essuie-glaces ne peuvent rien contre cette avalanche céleste et l'extérieur n'est plus qu'un patchwork de formes confuses et dégoulinantes, les bandes blanches ont disparu sous plusieurs centimètres d'eau. J'ai du mal à garder mon calme et, entre deux inspirations forcées, marmonne une litanie fiévreuse, galimatias de reproches et d'insultes à l'intention de mes compagnons, de moi-même et de la vie en général. Soudain, une vague éclate sur mon pare-brise, la BMW décélère violemment. L'espace d'un instant, je crois avoir plongé dans une rivière, mais non, c'est une flaque, une grosse flaque de 5 ou 6 mètres de long, de 40 ou 50 centimètres de profondeur. La voiture hoquette. Accélérer. Sortir de ce piège sans caler. De hautes gerbes se forment de chaque côté, je m'inquiète pour ma réparation de fortune, mon pare-chocs ne peut pas me lâcher maintenant. Dix secondes, quinze secondes. La BMW s'extirpe du marigot en toussant. Horreur : devant moi, les phares de la Nissan ont disparu, mes compagnons se sont évanouis dans le déluge. Sans eux, sans leur ordinateur, je suis à la merci des éléments. Ne pas paniquer. Accélérer. Les rattraper. Je monte à 100 kilomètres/heure, la visibilité est quasi nulle, ciel et terre ne forment qu'un magma indéfini. À chaque instant, je crois apercevoir des phares, mais je me trompe, l'aval est désespérément bouché. J'essaie de me raisonner. Ils sont forcément devant, ils n'auraient pas bifurqué sans m'attendre. Mon portable bipe – je ne capte aucun réseau pourtant –, sur l'écran, un message s'affiche :

*Emergency Alert, Imminent severe alert, NWS: Flash flood warning, avoid flooded areas**.

Inondation éclair. Faut se tirer de là. Accélérer encore. Ne pas faire d'aquaplaning. Ne pas dériver sur l'autre voie. Ne pas manquer un virage et quitter la route. Ne pas percuter un arbre ni tomber dans un fossé. Trente secondes passent. Une minute. Deux taches écarlates pointent dans la tempête, deux balises que je ne lâcherais des yeux pour rien au monde : la Nissan.

Je me rapproche, attrape le talkie :

« Alex ? C'est chaud là ! Qu'est-ce qui se passe ?

– Scrrrch... C'est bo... scrrrch... t'... quiète.

* Alerte d'urgence, alerte danger imminent, Service météo national : avertissement inondation éclair, éviter les zones inondées.

– Ça dit quoi sur l'ordi ? Y a une tornade pas loin ? »

Pas de réponse. Dehors, mille ans de pluie continuent de dégringoler. Les fossés se remplissent à vue d'œil. La submersion est imminente. Flouf, une nouvelle vague déferle sur mon pare-brise. Une nouvelle flaque. La BMW ne cale pas, mais mes compagnons ont de nouveau disparu. La sueur, acide, me brûle les yeux. Mes doigts sont exsangues. La tempête s'intensifie. Sur les bords de la route, hêtres, chênes et genévriers convulsent comme des épouvantails sous ecstasy. À tout moment, une branche peut se décrocher, défoncer mon pare-brise, me transpercer. *Je veux quitter cet endroit. Je veux quitter cet endroit. Je veux quitter cet endroit.* J'enrage, frappe le volant, vocifère des horreurs, hésite même à sauter en marche pour me libérer de cette angoisse, quand, sans sommation, les rafales s'adoucissent, l'averse se relâche et la Nissan réapparaît comme par magie, 50 mètres devant moi. Je souffle, le pire est passé. Erreur. Deux cents mètres plus loin, le déluge reprend, plus fort que jamais. Je commence à trembler, de peur, de fatigue, de folie, je ne sais pas. Chaque seconde dure une heure, chaque minute une vie, et pourtant tout va trop vite. Bientôt, une forme se dessine devant nous, un pont, qui lutte de toute sa structure rouillée contre le torrent déboulant sous lui. Putain, il ne va jamais tenir. Quelle connerie ce reportage, je le sais depuis le début. La Nissan traverse le pont. Je m'élance à mon tour, ferme les yeux, prie pour que les flots ne m'emportent pas. Je compte dans ma tête. Un. Deux. Trois. Quatre. Mes roues retrouvent l'asphalte. Je respire ; espérons qu'il n'y en n'aura pas d'autres comme ça. Raté. Le suivant se profile déjà, à la limite de la submersion lui aussi. Je panique :

« Alex ? Vous êtes là ? »

Silence.

« Alex ?

— ... Scrrrrch... ui... scrrrchrr... Ouais ! Je t'entends !

— L'eau monte trop vite ! On n'en passera pas dix comme ça.

— Je sais... chrrrch... crh... Est-ce que le GPS de ta voit... scrrch... onctionne ? Est-ce qu'on va bien... chhhr... vers l'est ?

— Oui on va vers l'est. Qu'est-ce qu'il se passe ?

— Srrrchhh... OK, on dégage. On vien... rhhh de compr... rrrrchh... que le radar de l'ordi ne s'actualise plus depuis vingt minutes, les cellules sont en train de s'agréger, ça va devenir très dangereux. »

La Nissan accélère et dépasse les 120 kilomètres/heure. C'est Matthieu qui conduit, les limitations de vitesse ne semblent plus être un problème pour lui. Prisonniers de notre gangue de pluie, coupés du monde, nous traversons Kingston – dont je ne distingue ni le moindre contour ni la moindre lueur – et continuons sur la 70. Quelques kilomètres plus loin, au bout d'une légère descente, une ombre gonfle derrière le rideau de pluie, un puzzle d'abord flou dont les pièces s'assemblent à mesure que nous avançons et dont le rendu final me terrifie : devant nous, aussi loin que nous pouvons voir, un océan rouge-marron bouillonne comme la marmite du diable. Au milieu, une route surnage, droite, posée sur des pilotis de métal dont la finesse et la corrosion me paraissent incompatibles avec les assauts de la crue et le poids de nos deux véhicules. Je jette un œil vers mon GPS : cette abomination aquatique n'est pas le résultat de l'inondation en cours, non, c'est un lac, le lac Texoma, l'un des plus grands lacs artificiels des États-Unis. À cet endroit, la traversée fait 3 kilomètres. Mes compagnons ne ralentissent pas, ils vont y aller. Je suffoque, veux d'abord faire demi-tour, puis, dans un étrange réflexe, retire mon pied de l'accélérateur : que la BM prenne seule la responsabilité de notre destin. Clac, clac, mes roues s'engagent, c'est parti pour la grande traversée. Dix mètres. Vingt mètres. Trente mètres. Sur tribord, des vagues souillées de boue et de débris cognent contre la structure, des gerbes grasses s'élèvent puis s'écrasent en travers de la chaussée.

Ça vibre. Ça glisse. Cent mètres. Deux cents mètres. Trois cents mètres. L'eau ne cesse de monter. Je fixe la Nissan et m'interdis de cligner des yeux de peur qu'elle ne disparaisse dans l'intervalle. Un kilomètre. La route vibre de plus en plus. Sous la chaussée, un tronc d'arbre s'est empalé entre deux pilotis comme une flèche dans la jugulaire d'un bison. Sa hampe bat dans le courant. Au large, j'aperçois d'autres troncs flotter vers nous. Vite, fuir avant que cette bordée nous atteigne. Un kilomètres cinq. Le mitan. Jamais la terre n'a été aussi loin derrière et devant. Des tréfonds de mon esprit, comme un dernier inventaire avant la mort, une tambouille de pensées reflue, un ragoût d'occasions manquées et de rêves avortés dont les grumeaux insipides brûlent sur les bords de ma boîte crânienne. Deux kilomètres cinq. Enfin, une ligne se dessine à l'horizon : la rive opposée. Mâchoires crispées, lèvres blanches, je supplie les dieux, les cieux, la nature, tout ce qui peut se prier, de nous laisser accoster de l'autre côté. *Plus vite. Plus vite.* Je tape comme un sourd sur mon volant. Encore 300 mètres. Je n'en peux plus. Deux cents mètres. Des déferlantes balaient la route et cinglent mon pare-brise. Nous n'arriverons jamais au bout. Cinquante mètres. Devant moi, mes compagnons touchent terre. Je suis seul sur le pont désormais et la soudaine perspective d'être l'unique victime de cette tempête me terrifie. La scène se déroule sous mes yeux, au ralenti, le macadam se fissure, le pont se disloque, la chaussée glisse vers la gauche et mon capot s'enfonce dans les flots énervés. Impuissant, je voudrais crier, mais rien ne sort... Trente mètres encore. *Plus vite.* Dix mètres. *Plus vite. Plus vite.* Cinq mètres. Quatre. Trois. Deux. Un. Clac, clac. Mes roues retrouvent le sol des États-Unis d'Amérique. Je souffle : jamais secondes ne m'auront offert une telle éternité.

De l'autre côté, la tempête se relâche, le monde renaît, recouvert d'une eau gluante et marronnasse. La route, construite sur un promontoire, serpente au-dessus de cette soupe comme un vermicelle abandonné. Nous continuons vers l'est. L'orage s'est acharné sur la zone : des cadavres de branches gisent sur l'asphalte, des poteaux électriques penchent de droite et de gauche, les lignes électriques, lâches, flottent dans le vent. Trois voitures de police et deux ambulances nous croisent toutes sirènes hurlantes – certains auront eu moins de chance que nous.

À l'entrée de Durant, une averse de grêle nous surprend. Nous nous réfugions sous le toit d'une station de lavage automobile. Je me gare derrière mes compagnons, coupe le contact, ferme les yeux un instant. L'obscurité tourbillonne dans mon crâne ; j'ai atteint mes limites.

Alex me rejoint et me demande si ça va. Je descends, lui avoue que j'ai eu très peur, que j'ai très mal supporté de ne pas savoir ce qui se passait.

« Je comprends, répond-il, nous, grâce à l'ordinateur, on avait une bonne lecture de la situation. Jusqu'à ce qu'on comprenne que le radar ne s'actualisait plus, tout était sous contrôle. »

Cette information n'a pas l'air de l'affoler alors qu'elle me semble terrifiante, surtout si Laetitia persiste à prendre plus de risques.

« Et maintenant ? Fini pour aujourd'hui, non ? »

Un éclair de malice traverse son regard. Ménageant son effet, il sort son paquet de cigarettes, en porte une à sa bouche, craque une allumette, approche la petite flamme de sa clope et tire une première latte. Crachant la fumée, il me dit en souriant : « Je ne crois pas non. »

Son regard glisse vers la Nissan, le mien aussi : à travers la lunette arrière, j'aperçois les silhouettes de Laetitia et de Matthieu s'activer sur l'ordinateur. Je soupire et retourne m'installer au volant de la BM, non sans avoir vérifié ma réparation de fortune, ça tient bon. Je m'assois sur mon siège. Une profonde solitude m'envahit ; je veux quitter cet endroit, ce pays où la démesure se donne en spectacle.

Nous repartons. Reprenons vers l'est. À la sortie de Durant, deux voitures de police nous empêchent de rejoindre l'autoroute. Laetitia et Matthieu tentent d'en savoir plus auprès d'un des agents, mais le bonhomme n'est pas loquace. Déterminés à traquer l'orage, nos chasseurs se lancent dans l'analyse des itinéraires *bis*. Ils déchantent rapidement, les détours sont trop longs. *Game Over*.

Matthieu s'affale sur son siège, exténué. Laetitia se rapproche de la barrière de sécurité, contemple au loin cette cellule qui lui file entre les doigts, et prend une dernière photo. Une foudre monumentale* déchire le ciel, l'orage la nargue.

20 heures. La nuit tombe sur Ardmore, notre étape du soir. Nous avons parcouru 560 kilomètres dans la journée alors qu'Oklahoma City, notre point de départ ce matin, est à 160 kilomètres d'ici ; cette tornade nous fait tourner en rond.

Nous jetons nos affaires au Microtel Inn and Suites et partons dîner, à l'autre bout de la zone commerciale, dans un steakhouse où, lessivés et avachis sur nos banquettes, nous recollons à quatre voix les fragments de ce fol après-midi.

Il est évident que mes compagnons n'ont pas eu aussi peur que moi. Grâce aux images radar

* Nous l'ignorions à cet instant, mais trois vortex se sont formés dans l'après-midi, quelques kilomètres plus à l'est. Une personne est morte dans la destruction de sa caravane et l'autoroute a été endommagée, d'où la présence de la police.

et aux simulations météo, eux avaient une vision claire des événements et des risques encourus – du moins tant que la connexion Internet fonctionnait – alors que moi, seul dans ma voiture, j'étais aveugle. Je leur raconte mes angoisses, ma panique, les insultes proférées à leur encontre ; ça les fait rire et moi aussi, un peu. Mon récit terminé, personne n'embraie. Un silence s'installe, embarrassé. Je les vois se jeter de petits regards en coin.

« Y a un truc que vous ne m'avez pas dit ? »

Alex détourne le regard, retient un sourire, Laetitia baisse les yeux dans son Coca, Matthieu dans sa *root beer*. J'insiste.

« Ben... en fait... t'as pas remarqué qu'à un moment ça s'est un peu calmé avant de repartir plus fort ? commence Matthieu. Eh ben, on se demande si, à ce moment-là, on n'est pas passés dans un petit vortex. J'ai cru voir des tourbillons dans les arbres. »

Je pâlis, hésite entre exploser de rire ou hurler, quand la serveuse arrive et dépose devant moi une assiette dans laquelle trône un steak tout rabougri, baignant dans son jus, très loin de la superbe pièce de viande figurant sur le menu plastifié. Je repense alors aux fermes industrielles du Colorado et à ces bœufs perchés sur leurs monticules noirs. Une vague de tristesse m'envahit, je me demande si moi aussi, je ne suis pas en route vers l'abattoir.

À l'hôtel, je me déshabille, me glisse dans mon lit, éteins la lumière. Sous les draps, je me recroqueville en position fœtale, je tremble, j'ai froid.

Enfermé dans mon angoisse, je ne comprends pas encore que la journée qui vient de s'écouler n'est pas une journée comme les autres. Cet après-midi, les éléments déchaînés ont placé sur ma route un énorme bloc de pierre, rêche comme du basalte, coupant comme du silex, dont je chercherai longtemps à savoir s'il s'agit d'une stèle à la mémoire de mon insouciance ou d'une borne marquant à jamais le point de non-retour.

Ô SISYPHE

26 MAI 2015
ARDMORE,
OKLAHOMA —
WICHITA FALLS,
TEXAS
450 km

Vortex. Course-poursuite. Souffle court. Terreur. Réveil. Motel.

Mes aubes se ressemblent à en devenir fou. Ne manque qu'une radio sur ma table de chevet qui jouerait *I Got You Babe* de Sonny and Cher pour que je devienne Bill Murray dans *Un jour sans fin*.

Je retrouve Alex, Laetitia et Matthieu dans le hall, devant la télévision, mines graves. Le système orageux que nous avons suivi hier s'est déchaîné sur Houston pendant la nuit et CNN diffuse en boucle des images de quartiers résidentiels inondés, de voitures agglutinées les unes aux autres, de vieillards hélitreuillés. Bilan : 31 morts, 2 milliards 700 millions de dollars de dégâts ; la pire catastrophe naturelle dans la région depuis quinze ans.

Alex me glisse dans l'oreille qu'on va faire une interview, maintenant. J'attrape ma caméra, cadre nos chasseurs et déclenche l'enregistrement.

« Laetitia, Matthieu, vous ne vous sentez pas mal à l'aise, parfois, de traquer pour le plaisir des orages si destructeurs ? » leur demande-t-il.

Silence. Nos compagnons se regardent dans les yeux. J'ai le sentiment qu'ils s'attendaient à cette question depuis longtemps.

Laetitia se lance. « Des fois, on se sent un peu gênés de chasser des tornades et de voir des gens qui en subissent les conséquences, c'est un sentiment très particulier, répond-elle, un peu sur la défensive.

– Moi, je resterais à l'écart pour ne pas entraver les secours, pour ne pas faire de voyeurisme, renchérit Matthieu, ce n'est pas ma place. »

Nouveau silence. Chacun semble soupeser la pertinence de sa réponse. Alex me dit : « C'est bon. » Je coupe ma caméra.

On repart. Aucune tornade ne se montrera aujourd'hui, nous le savons déjà. Un large système orageux remonte du Mexique, mais les vents ne sont pas propices à la rotation. Il y aura de la pluie, de la grêle, de la foudre, rien de plus. La perspective de faire des centaines de kilomètres pour un résultat couru d'avance nous pèse, Alex et moi. C'est notre dixième jour de chasse, notre dixième échec. Dernière chance demain. Jeudi, nous remontons vers Chicago, vendredi, nous décollons pour Paris. Là-bas, une autre tempête risque de souffler : deux semaines de tournage aux États-Unis sans tornade dans nos rushes, ça va faire cher pour nos rédacteurs en chef. Nous décidons de les appeler pour les préparer à cette éventualité.

Alex s'y colle. Ça décroche. Il commence par donner quelques nouvelles rassurantes, puis suggère que « peut-être », « malgré tous nos efforts », « il n'est pas impossible » que notre expédition se termine sans tornade. À l'autre bout du fil, pas d'énervement, c'est bon signe. La discussion continue et, petit à petit, je comprends qu'un plan est en train de se mettre en place sans mon accord : si demain nous sommes toujours bredouilles, nous devrons demander à Greg et à ses Tornado Hunters de nous emmener chasser avec eux. Je fais de grands « non » avec mon index et ma bouche, mais Alex n'a pas vraiment le choix et raccroche sur un dernier « OK » de reddition.

« Hors de question que je monte avec eux.

– Pas de problème, j'irai seul », me répond-il.

Je sais que ma conscience m'interdira de l'abandonner ; le piège s'est déjà refermé sur moi.

13 heures. Nous arrivons à Archer City, bourgade sans relief de 1800 habitants construite au cœur d'une zone pétrolifère assez laide, dont la particularité est d'être la ville natale – et finale – de Larry McMurtry, auteur d'une série de romans se déroulant ici-même, chronique au vitriol de ses concitoyens et de cette Amérique perdue entre poussière et ennui. Si la ville présente peu d'intérêt pour les habitués, elle reste pittoresque pour des Européens : un cadastre rectiligne de maisons proprettes, quelques commerces style western, une mairie, une bibliothèque, un vieux cinéma à marquise, six églises, deux stations-service.

Celles-ci se font face et, au hasard, nous choisissons la Phillips 66 pour attendre l'orage. Le ciel est partiellement recouvert d'une immense robe orageuse, épaisse et fascinante, dont les nuances de gris dansent au gré de ses turpitudes météorologiques, émaillée ici et là d'impressionnantes crevasses au fond desquelles chatoient des reflets bleu glace, la grêle encore suspendue dans son écrin. Filtrés par ce nuage d'outre-monde, les rayons du soleil inondent l'espace d'une lumière métallique et transforment les alentours en décor de science-fiction. Le tableau est incroyable. Clients et personnels de la station-service sortent sur le parking admirer le spectacle, têtes en arrière, cheveux dans la brise, silencieux et immobiles, médusés par l'apparition de cette formidable soucoupe volante.

Sidéré par cette vision, je suis de nouveau traversé par l'étrange sensation que le temps se dilate autour de moi, que l'engrenage du monde s'est disloqué et qu'il me faut, à cet instant précis, enregistrer dans la matière molle de mon cortex tout ce que je peux : l'emplacement des maisons, des arbres, des gens, la couleur des uns, la pâleur des autres, le faseyement des tee-shirts, des K-Way, des lignes électriques, les odeurs de friture, d'essence, de gaz d'échappement, le chant des feuilles soufflées par l'air froid de l'orage, le craquement des branches qui va crescendo, le croassement des corbeaux… bref, tout garder, tout répertorier, tout cartographier avant le chaos pour pouvoir, un jour peut-être, tout reconstruire.

Le vent forcit et fouette nos visages. Des enfants pleurent. *Ça* ne va plus tarder à présent. Un pick-up sale remonte la rue à toute vitesse, se gare à côté de nous, deux adolescents en bondissent. Le plus chétif des deux, un petit blondinet à bouclettes, tend son index vers le sud et crie à la cantonade : « Si vous voulez voir des grêlons gros comme des balles de baseball, c'est par là ! »

Quelqu'un à côté de moi dit : « C'est le maire », mais je ne le crois pas*.

* C'était pourtant bien lui, Kevin Cletus Green, 19 ans, plus jeune maire de l'histoire du Texas.

Trois minutes plus tard, des grêlons d'un centimètre de diamètre s'écrasent sur le sol. Alex, Laetitia et Matthieu courent se réfugier dans la Nissan, moi dans la BM. À travers ma vitre, je regarde les clients détaler où ils peuvent, comme ils peuvent, mains sur la tête, ne sachant quoi faire de leurs cafés ou de leurs paquets de chips. D'habitude, ça m'aurait fait rire, aujourd'hui pas trop. Le nuage continue sa course au-dessus d'Archer City, l'azur a disparu, la luminosité chute. L'averse de grêle s'arrête. La chasse commence.

L'après-midi s'évapore dans une interminable succession de trombes d'eau, de routes détrempées, de ponts inondés et de carrefours impraticables, de demi-tours, d'autres ponts, d'autres carrefours, de grêle encore. Je ne filme presque pas, à quoi bon, des essuie-glaces, de la pluie, du bitume, j'en ai plein les rushes.

Cette énième course-poursuite est absurde. Même si je comprends qu'il faille accompagner nos chasseurs dans leur aventure, ces risques inutiles et ces heures de fatigue supplémentaires me paraissent hors de prix.

19 heures. Il fait nuit. Il pleut toujours.

« Chasse terminée », m'annonce Alex dans le talkie.

Il me rejoint, prend ma place derrière le volant. Je glisse sur le siège passager avec la ferme intention de dormir, mais déchante rapidement : les cieux crépitent de foudres extra et intranuageuses, si rapides et si puissantes qu'on se croirait dans une boîte de nuit équipée de stroboscopes détraqués. Même paupières fermées, des formes étranges se dessinent sur mon obscurité. Je ne comprends pas comment Alex arrive à conduire sans faire une crise d'épilepsie.

Les essuie-glaces couinent. Nous sortons de la zone orageuse. Laetitia bifurque sur un chemin de terre. « On va s'arrêter faire des photos », annonce Matthieu.

La Nissan se gare. Nos compagnons descendent, Alex descend, moi pas. Enfoncé dans mon siège, je boude ; j'en ai ma claque des photos, j'en ai ma claque des orages, je veux rentrer.

Quelques minutes passent. Voyant mon collègue se démener, je culpabilise et descends à mon tour. À sa hauteur, je comprends qu'il a raison : devant nous, au-dessus de la campagne, tel un feu d'artifice sans fin, des foudres aux formes folles lézardent les ténèbres et révèlent au passage les visages éblouis de Laetitia et de Matthieu, apaisés et heureux. En bon professionnel, je tourne les plans qu'il faut, puis reprends ma place dans la voiture.

22 heures. Wichita Falls. Quatre-cent-cinquante kilomètres aujourd'hui, six mille depuis le début de notre aventure. Motel aussi quelconque que les précédents. Comme tous les soirs, je dépose mon matériel où je peux, le nettoie, mets les batteries en charge, change les piles, lance des sauvegardes sur mes disques durs, tout doit être opérationnel pour demain. Ce rituel terminé, je jette mes chaussures dans un coin — elles puent — et m'allonge tout habillé sur le couvre-lit. Je ferme les yeux, essaie de faire le vide autour de moi. Deux larmes fraîches coulent le long de mes tempes, dernières gouttes de cette journée sans fin. Ô Sisyphe, aide-moi, demain tout recommence.

CANADIAN

27 MAI 2015
WICHITA FALLS, TEXAS — AMARILLO, TEXAS
765 km

Dernier jour de chasse avec Laetitia et Matthieu. Dernier jour de chasse avec Laetitia et Matthieu. Dernier jour de chasse avec Laetitia et Matthieu. Cette phrase tourne en boucle dans ma tête avant même que j'ouvre un œil. Le soleil, déjà haut, auréole le rideau de ma chambre d'un halo si blanc qu'on pourrait croire que le paradis se tient juste derrière. Les condamnés à mort ont-ils la même vision au matin de leur exécution ? Si aucune tornade ne se montre aujourd'hui, il faudra passer au plan B : appeler Greg pour le convaincre de nous emmener chasser avec lui. Cette perspective me terrorise. Je titube hors de mon lit, enfile les mêmes habits qu'hier — je n'ai plus rien de propre — et vais rejoindre mes camarades dans la salle du petit-déjeuner.

« Ça sent bon pour aujourd'hui », me dit Alex.

Il sourit. Laetitia et Matthieu rayonnent. Je ne sais pas si je dois me réjouir. Je ne sais plus. Je suis vide.

Nous quittons Wichita Falls sans avoir rien vu, ni ses cascades artificielles dont la ville tire son patronyme, ni son fameux Newby-McMahon Building, ironiquement baptisé, du haut de ses 12 mètres, « plus petit gratte-ciel du monde ».

Midi. Nous entrons dans Childress et prenons nos quartiers sur le parking d'une énième station-service. Je vais chercher deux pintes de café. Alex et moi les sirotons sur un coin de trottoir. Nous parlons peu. La fatigue nous éteint. Depuis Chicago, j'ai perdu 5 kilos, lui, 7.

13 heures. Des dizaines d'équipes de *storm chasers* rallient la zone.

« Tous les voyants passent au vert », nous dit Matthieu.

Je croise le regard d'Alex, la même idée nous traverse l'esprit : c'est notre dernière chance. Je me lève et prépare au mieux la BM : cartes mémoires vierges, batteries pleines et piles neuves dans le vide-poche de droite, appareil photo sur le tableau de bord et, en plus, je ventouse deux petites caméras GoPro sur les côtés de la voiture pour couvrir nos flancs.

13 h 30. Le vent se renforce, le ciel se drape de nuages sombres. Nous mettons le cap sur Canadian, petite bourgade située sur la rivière du même nom, au nord de Childress. Sur notre gauche, en provenance de l'ouest, un long cortège de cellules orageuses se rapproche. Si nos chasseurs ne se sont pas trompés, une ou plusieurs tornades y sont en gestation. Alex s'est installé à l'arrière de la Nissan et je suis de nouveau seul dans la BM, tellement groggy par nos deux derniers jours de chasse que j'ai l'impression que je n'avance pas, que c'est le macadam qui défile sous mes roues.

14 h 30. Alex m'annonce qu'un des cumulonimbus est entré en rotation, il faut accélérer. Matthieu n'en demandait pas moins; qu'il est loin le temps où nous le soupçonnions de se tromper d'itinéraire pour saborder nos chances de tornades! Nous avalons la 83 à plus de 130 kilomètres/heure, traversons les bourgs déserts de Wheeler et de Briscoe, puis pénétrons dans Canadian tous phares allumés.

Ici, la nuit semble tombée avec huit heures d'avance. Comme à Marietta il y a deux jours, pas une âme sur les trottoirs ni dans les magasins. Les habitants se terrent dans leurs maisons ou dans leurs abris anti-tornades. Le décalage entre ces gens, angoissés de tout perdre dans l'heure suivante, et nous, qui espérons par-dessus tout admirer le phénomène qu'ils redoutent, me met mal à l'aise.

Wouhouhou. Les sirènes se déclenchent et sifflent leur note d'apocalypse par-dessus les toits. Une voix d'homme, autoritaire, remplace la musique country sur mon autoradio: « Nous interrompons nos programmes à la demande du Service météo national et du système d'alerte de l'État du Texas. Le Service météo national vient de publier une alerte tornade. L'orage présente un risque de tornade et des chutes de grêlons pouvant atteindre la taille d'une balle de golf. Les débris volants peuvent être dangereux et les habitats légers peuvent être détruits. Mettez-vous immédiatement à l'abri dans les zones concernées. »

Cette fois, on y est.

Nous traversons la ville de part en part, continuons sur 3 kilomètres, puis bifurquons vers le nord-ouest. Devant nous, au-dessus de la plaine, une large cellule orageuse tournoie. Selon Laetitia, elle peut poser une tornade à tout moment.

Nous continuons et, 7 kilomètres plus loin, quittons la route pour nous engager sur un chemin de terre. Un troupeau de vaches nous bloque le passage. Matthieu les pousse du capot et s'engouffre dans la brèche. Je le colle. Les bovidés reprennent leurs places derrière nous. Toute retraite rapide est exclue désormais.

Cent mètres. Mes compagnons s'arrêtent. Je leur fais remarquer que nous n'avons pas fait demi-tour pour garer nos voitures dans le sens de la fuite, ils m'ignorent. J'attrape mon matériel en maugréant et pointe mon objectif vers le nuage : ce n'est pas le plus gros cumulonimbus que nous ayons vu depuis notre arrivée, mais c'est, à n'en pas douter, le plus actif. Sa base gris sombre s'enroule sur elle-même comme un serpent sur sa queue et tourne assez vite, sans accroc, sereine. Laetitia nous fait remarquer qu'un vent continu s'engouffre derrière nous : « C'est l'*inflow*, nous dit-elle, de l'air chaud et humide, le nuage l'aspire, c'est ce qui le nourrit. »

Elle sourit et, à peine un instant plus tard, la base change d'aspect, un second nuage émerge du premier, plus petit, plus compact, qui tourne encore plus vite que son parent : c'est un « nuage-mur », preuve que la rotation s'accélère. Le silence se fait autour de nous. Les vaches ne broutent plus. Les oiseaux ne chantent plus.

« Regardez ! Là ! À l'avant ! crie soudain Matthieu

– Oh oui, un tuba ! Un tuba ! réagit Laetitia, elle va la donner sa tornade ! »

En effet, sous le nuage-mur, une pointe vient d'apparaître, qui glisse lentement vers le sol. Mon cœur cogne dans ma poitrine. Je regarde Alex qui fixe cette chose comme si sa vie en dépendait. Toutes ces journées de chasse, de stress et d'échecs vont enfin trouver leur récompense. Mais au bout de quelques secondes, le tuba ne descend plus.

« Zut, s'inquiète Laetitia. Il s'affaiblit. »

Moment suspendu. La pointe nuageuse semble hésiter dans l'entre-deux du ciel, se balance de droite et de gauche comme un chevreuil flairant le danger, puis, sans prévenir, remonte précipitamment dans sa chachette.

Terrible déception. Nous étions bien placés, dans un décor magnifique, la lumière était parfaite, une occasion comme celle-là ne se représentera peut-être jamais. J'ai envie de pleurer ; on aurait pu faire nos bagages ce soir, quitter les plaines, la pluie, les kilomètres, les stations-service et les motels bon marché, être à Chicago vendredi, en France samedi. Non. Il va falloir repartir, reprendre la chasse, espérer qu'il se passera quelque chose d'ici la fin de journée.

« On fait quoi maintenant ? demande Alex sans enthousiasme.

– On continue de la suivre, elle est très active, faut y croire ! » tente de nous motiver Laetitia.

Demi-tour. Le réseau routier n'est pas très dense autour de Canadian et nous sommes obligés de faire un large détour pour rattraper la cellule. Nous reprenons vers le sud-est, puis, au carrefour suivant, tournons à gauche sur la 60, plein nord.

Ici, le décor change du tout au tout et nous nous retrouvons dans une cohue indescriptible : sur les bas-côtés, des dizaines de voitures, de camions TV et de véhicules scientifiques sont garés en file indienne, des chasseurs, des cameramen, des météorologues courent dans tous les sens et traversent la chaussée sans regarder, les yeux au ciel. Matthieu fonce au milieu de la nuée. Je suis nerveux.

La cellule est là, sur notre gauche, au-dessus du bush texan. Elle tourne toujours. Pas de tornade.

Nous continuons d'avancer. Deux kilomètres. Des grêlons claquent sur nos pare-brise. Du petit grain, pas de quoi s'inquiéter.

Trois kilomètres. Nous avons pris un peu d'avance sur la cellule. La Nissan se gare soudain sur le bas-côté. Matthieu refuse d'aller plus loin, les radars annoncent d'autres grêlons devant, plus gros.

Demi-tour encore. Nous redescendons la 60. Je ne sais pas quel est le nouveau plan de mes camarades. Peut-être qu'il n'y en a pas. Dans le doute, je déclenche l'appareil photo posé sur mon tableau de bord. La cellule plane sur notre droite, rien à signaler. Je fixe la Nissan. Un rayon de soleil perce entre deux nuages et la chaussée trempée s'enflamme soudain comme un désert de sel à midi. Je ne vois plus rien. Jurant à tout va, maudissant une nouvelle fois les forces de la Nature, je remarque alors que quelque chose monte en moi, un sentiment inédit dans ce voyage : la rage. Je n'en peux plus de ce petit jeu, je n'en peux plus de ces éléments qui nous narguent, je n'en peux plus de cette course sans fin, de ces jours à rouler sous le déluge, à risquer la mort, de nos repas sur le pouce, de nos nuits sans sommeil ; qu'elle s'amène cette foutue tornade, qu'on en finisse.

À cet instant, la Nissan pile et je manque de l'emboutir.

« Tornade à droite ! » hurle Alex dans le talkie.

Putain. Il n'y avait rien dix secondes plus tôt. Je saute de la BMW et m'efforce de ne pas regarder ce qui se passe : je veux rester concentré sur ma caméra, l'allumer, vérifier la batterie, presser calmement le bouton *rec*. Ce n'est pas le moment de se planter. J'appuie. Le voyant rouge s'allume, je peux lever les yeux.

Au-dessus de la plaine bosselée, à environ 2 kilomètres de nous, une immense ballerine tourbillonne sur elle-même dans un souffle feutré, moi qui pensais que ça ferait un vacarme de tous les diables. Dansant sur sa pointe, elle a la cheville fine, le dos raide et les épaules larges ; son corps plein de grâce, légèrement incliné vers le nord-est, tourne sans affolement dans une vrille épurée qu'aucune force terrestre ne semble pouvoir arrêter ; sa robe grise, sombre, torse et moulante se découpe parfaitement sur le ciel plus clair, tirant dans son sillage quelques barbules, tels les lambeaux déchirés d'un tutu. Le tableau respire une légèreté et une douceur qui me surprennent alors qu'au cœur de cet ascenseur pour l'au-delà les vents dépassent les 200 kilomètres/heure.

« Ça va, Simon ? » me demande Alex.

Je me tourne vers lui, ébahi.

« Oui, ça va. »

Par prudence, nous n'avons pas coupé les moteurs de nos voitures. Ce petit ronron me rassure, et puis, je dois l'avouer, les conditions sont quasi parfaites : nous sommes bien placés, il pleut modérément, le vortex est imposant et, surtout, stationnaire. Je commence à me calmer. Une vision comme celle-là est unique. Il faut en profiter, la savourer, la graver dans les sillons de ma mémoire. Pourtant, je n'y arrive pas, le phénomène me paraît irréel, la différence d'échelle est trop importante ; après avoir traqué cette tornade pendant douze jours et sur plus de 6 500 kilomètres, l'avoir tant fantasmée, redoutée, je suis presque gêné de la voir, comme une groupie qui rencontrerait son idole en chair et en os.

Deux minutes trente qu'elle tourne, déjà.

« Regardez ! » crie Matthieu.

Quelque chose se passe. Le pied de la tornade enfle et atteint le même diamètre que son corps : ce n'est plus un cône, mais un long et large tunnel, une *stovepipe*, selon les chasseurs de tornades, qui continue sa danse sans faiblir, sans forcer, sans aller nulle part. La représentation s'étire, ce spectacle est son unique ballet. Les yeux rivés sur l'écran de ma caméra, je la filme, hors du monde, hors du temps, hypnotisé par ses pirouettes, sa mobilité immobile, sa rotation toujours renaissante. J'ai l'étrange sensation de ne plus être là ou d'être partout à la fois, dans le passé et le présent, le futur et le néant, contemplant l'Univers tout entier, la Terre, les planètes, les galaxies faisant la ronde dans l'immensité céleste. C'est l'ourobouros, le serpent qui se mord la queue, symbole revenu du fond des âges et des mythologies pour nous chanter le cycle des jours, des saisons, des marées, prêchant la fin et le renouveau, la mort et la résurrection. Qu'il en aura fallu des lignes droites pour en arriver là.

Cinq minutes. Le vortex continue de parader devant nous, mais à mesure que le temps passe, un malaise me gagne : nous nous sommes laissé aveugler par sa danse langoureuse, ses ondulations de cobra, c'est un piège, il nous fixe, il nous jauge avant de nous dévorer. Pauvres chasseurs que nous sommes, pauvres charmeurs de pacotille, nous sommes faits comme des rats, envoutés, bientôt son corps replié explosera comme un ressort et nous engloutira. Je n'ose plus bouger. J'attends l'attaque. Elle arrive plus vite que prévu.

« Là, une tornade ! Une tornade ! » crie soudain Laetitia en pointant son doigt sur la gauche.

À 50 mètres, un mince tourbillon blanc fonce sur nous. Merde. Alex détale vers la Nissan, je ne demande pas mon reste. Devant ma portière, wouff, une violente rafale me frappe et me projette au sol. Je me relève, sonné, ouvre la BM et saute à l'intérieur, pied sur l'accélérateur. Je tremble de tout mon corps et mon cerveau ne pense qu'à une chose : fuir. Vite. Mes compagnons ne bougent pas. Cinq secondes passent. Qu'est-ce qu'ils foutent ? Cinq autres secondes. Laetitia émerge devant mon capot : elle s'était accroupie là au lieu de se réfugier dans la voiture, voilà pourquoi ils ne partaient pas.

« La vache ! siffle-t-elle en riant, on a pris une tornade... une tornade nous est passée dessus... une toute petite. »

Alex ressort de la Nissan et lui demande si tout va bien.

« Oui, ça va... C'était un mini-vortex, explique-t-elle, ça peut arriver autour des grosses tornades, ils sont quasi impossibles à détecter... »

Elle marque une pause avant d'ajouter : « Ah, et puis, je ne vous l'ai pas dit, mais dans ces cas-là, il faut s'aplatir le plus près possible du sol pour que la tornade n'ait pas de prise sur vous!»

Merci, Laetitia. Je retiens pour la prochaine fois.

Pendant ce temps-là, sur son promontoire de steppes, la tornade continue de tourner. Je reprends ma position derrière la BM, les jambes flageolantes, les mains moites, scrutant autour de moi au cas où un autre mini-vortex serait en approche. Rien. Je lève de nouveau ma caméra vers le vortex qui grossit, grossit encore et devient *wedge*. Sa gueule monstrueuse s'étire sur plus d'un kilomètre à présent et aspire tout ce qui se trouve au sol, les lèvres collées sur la colline comme une sangsue sur un mollet. Impossible de savoir avec certitude si des gens sont en danger là-bas, mais, de notre position, ne distinguant aucune habitation ni aucun mobile home, nous sommes confiants*.

Huit minutes. Dix minutes. Le monstre continue de nous fixer.

Douze minutes. La rotation faiblit, le tuba se dégonfle, redevient *cone*, puis continue de s'affiner pour entrer dans une nouvelle catégorie, les *ropes*, signe de sa mort prochaine. Doucement, la tornade s'incline sur la droite, prend quelques secondes la

* Nous nous trompons. Au même instant, 40 ouvriers travaillant sur un site pétrolier se terrent dans un abri anti-tornade sous le monstre. Deux d'entre eux seront gravement blessés après avoir été «projetés dans les airs». Deux préfabriqués et deux pick-up seront retrouvés à 50 mètres de leur position initiale.

forme d'un long cordon ombilical, puis, dans une dernière volte, se délite et disparaît.

C'est fini. Le nuage est toujours là, les collines, les buissons, le bitume, les voitures, les autres chasseurs également, mais rien n'est plus pareil. Dans mon cœur, des émotions contraires se bousculent et s'annulent, laissant un vide colossal. J'ai la déconcertante sensation d'avoir assisté à un phénomène beau et répugnant, violent et interdit, la plus grande scène primitive de ma vie peut-être, un gigantesque coït entre le Ciel et la Terre.

« On bouge, faut trouver un nouveau point d'observation », lance Laetitia.

La chasse n'est pas terminée, la cellule peut encore donner d'autres tornades. Dommage, je me serais bien arrêté là.

Nous repartons vers Canadian. L'orage se décale au-dessus d'une zone inaccessible, mais certaines rues offrent un panorama dégagé sur la vallée, paraît-il. Nous roulons plusieurs minutes dans des lotissements sans âme avant de trouver. D'autres chasseurs sont déjà là. À l'horizon, la cellule tournoie, plus noire que jamais. Je sors de ma voiture, attrape mon matériel et règle ma caméra au plus vite, car une langue de brume descend déjà du nuage et lape le sol.

« Touchdown! » exulte Laetitia.

Deuxième tornade.

Matthieu sourit, Laetitia exécute quelques petits pas de danse, Alex jubile. Deux tornades dans la même journée alors que nous enchaînons les échecs depuis onze jours, c'est inespéré. Néanmoins, cette deuxième tornade n'a pas la stature de la précédente. Plus frêle et plus mobile, elle fait le yoyo entre son nuage et le sol, semblant à chaque instant sur le point de se désagréger. Le jeu dure une quinzaine de secondes avant de s'arrêter : elle ne redescend plus. Des applaudissements retentissent derrière moi et le long de la route : pour la communauté des *storm chasers*, c'est une bonne journée.

À cet instant, une voiturette de golf apparaît devant nous, remontant la magnifique pelouse sur laquelle nous nous sommes installés. À son bord, un vieux cow-boy et un petit garçon, regards noirs, viennent sans doute nous expliquer que nous piétinons leur propriété.

« Ça sent le bon perso, non ? » me demande Alex.

J'acquiesce. Il part à leur rencontre. Du coin de l'œil, je vérifie que le type ne sort pas un six-coups sans prévenir. C'est bon, il lui serre la main ; aux États-Unis, on n'est jamais à l'abri d'un énervé du pistolet.

Retour à l'orage. Là-bas, la cellule continue ses simagrées. Plusieurs fois, un début de tuba se forme, puis s'évapore. Au bout d'une dizaine de tentatives, l'un d'eux finit par descendre plus bas que les autres, effleure un instant la cime des arbres, remonte, puis redescend et enfin touche terre. Troisième tornade. Les chasseurs autour de moi redoublent d'applaudissements. Laetitia exulte, Matthieu sourit comme un gosse. Pour ne rien gâcher, cette tornade nous offre un spectacle atypique : elle fait demi-tour et fuse vers le sud-ouest, à rebours du déplacement de l'orage. Une averse est en cours quelques centaines de mètres plus loin – de longues griffures noires lacèrent le ciel –, elle fonce vers une mort certaine. Je retire l'œil de mon viseur pour contempler ces dernières secondes sans aucun filtre, retiens mon souffle lorsqu'elle s'élance le long d'un petit relief, et applaudis avec les autres au moment où elle se jette dans le vide. C'était peut-être ma dernière tornade, elle avait du panache.

Alex me rejoint en courant.

« C'est bon ? Tu l'as eue la troisième ?

– Oui, pas de souci. Et le cow-boy alors ?

– Sympa, le type m'a fait visiter son abri anti-tornade "fait maison"... Tu vois le petit tube PVC qui dépasse de l'herbe là-bas ? Ben, en dessous, dans le sol, il a enterré une citerne agricole qui doit faire 3 mètres carrés max et, selon lui, on peut tenir à huit dedans. Pas d'eau, pas d'électricité, noir total, t'imagines le cauchemar ? »

Oui, j'imagine. Il me demande ce qu'on fait maintenant. Je réponds par un haussement d'épaules, je n'en sais rien, mais il fait peu de doute, selon moi, que la chasse touche à sa fin. Peut-être nos compagnons voudront-ils trouver un dernier point de vue pour faire quelques photos, mais d'ici trois ou quatre heures, j'en suis sûr, je me plongerai dans un bon bain chaud à Amarillo ou à Oklahoma City.

Erreur. Laetitia et Matthieu veulent chasser un nouveau système qui arrive par le sud. Je m'y oppose. Alex est d'accord. À mon tour de me retrouver en minorité. Je bougonne, remonte dans la BMW en traînant des pieds, pose ma caméra à côté de moi. Je la regarde : dans cette machine sans âme dort à présent mon trésor le plus précieux.

La nuit s'est posée sur le Texas. Il ne pleut pas. Aucun orage ne luit à l'horizon. Alex conduit. Le front collé contre ma vitre, les yeux dans le vague, je m'amuse à inventer toutes sortes de saynètes censées se produire à mon retour : Géraldine qui pleure lorsqu'elle me retrouve, mes collègues qui me félicitent, mes amis — et surtout leurs compagnes — buvant mes paroles lors de nos prochaines soirées. Les phares de la BM balaient un panneau sur la droite : CLARENDON. Nous voici de retour dans la ville maudite. Quand était-ce déjà ? La semaine dernière ? Jeudi ? Vendredi ? Non, dimanche, il y a trois jours, autant dire une autre vie ; depuis, nous avons parcouru près de 2 000 kilomètres et je suis mort plusieurs fois. Nous repassons devant la station-service où nous avons moisi tout l'après-midi. La vieille Toyota Corolla et sa petite famille en pyjama ne sont pas là. À la place, un pick-up, un cheval dans sa remorque, attend son propriétaire sur le parking.

Au carrefour suivant, la Nissan tourne à droite. Nous quittons la ville pour nous enfoncer dans les ténèbres, franchissons de nouveau la Red River, bifurquons vers l'ouest, longeons Caprock Canyons, traversons Silverton et atteignons Tulia. Des foudres intranuageuses commencent à crépiter dans le ciel. Des cellules aux ventres boursouflés comme des pivoines apparaissent. Laetitia nous appelle sur le talkie, nous allons prendre l'autoroute 27 pour repartir vers le nord. Je ne comprends plus rien à notre itinéraire, Alex non plus.

Matthieu s'engage sur la bretelle, mais, quelques secondes plus tard, s'arrête sur la bande d'arrêt d'urgence : devant nous, au-dessus d'une petite ville, un étrange nuage se découpe sur la nuit.

« Les gars, vous voyez ce truc qui ressemble à un fer à repasser ? nous demande Laetitia par talkie. C'est de la grêle, de la grosse grêle, faut attendre que ça tombe, c'est trop risqué. »

Je soupire, abaisse mon dossier, je veux dormir.

Le talkie me réveille. « C'est bon, les gars, on peut y aller », annonce notre leadeuse.

Je regarde le tableau de bord : 22 h 43, une heure de sieste. Alex se frotte les yeux, replace ses lunettes sur son nez et démarre.

Devant nous, le fer à repasser a disparu. Quelques minutes plus tard, nous pénétrons dans la ville qui se tenait dessous. Ce soir, cette ville porte mal son nom : Happy. C'est un carnage. La grêle a tout ravagé ; les maisons, les toitures, les voitures sont constellées d'impacts, les trottoirs jonchés de branches, de feuilles, de pots de fleurs éclatés. Des arbres, frappés par la foudre, agonisent, fendus de la tête au pied, les lignes électriques pendouillent sur la chaussée et projettent des gerbes d'étincelles pour un public inexistant : les gens se planquent chez eux, traumatisés par le mitraillage qu'ils viennent de subir. Dans un silence post mortem, nous traversons la rue principale sans nous arrêter et nos roues crissent sur les gravillons de glace comme celles d'un corbillard dans les allées d'un cimetière.

Le talkie-walkie crachote. La chasse est terminée, on part pour Amarillo. L'ambiance n'est plus à la fête.

3

Mais dans l'esprit toujours il reste
une porte ouverte [...] *pour l'entrée*
et la réception de l'imprévisible,
l'acceptation peureuse de la
foudre jamais tombée sur soi,
pour l'éclair s'attaquant toujours
à la rue d'à côté, pour le désastre
frappant si rarement à l'heure
vraisemblablement désastreuse,
et ce fut par cette porte mentale
qu'Yvonne, toujours en équilibre sur
le tronc, perçut alors la menace :
quelque chose n'allait pas.

Au-dessous du volcan,
Malcolm Lowry

LE JOUR D'APRÈS

28 MAI 2015
AMARILLO, TEXAS - NORMAN, OKLAHOMA
447 km

Je me réveille, sourire aux lèvres. Pas de cauchemar cette nuit. Grand soleil ce matin. Je rejoins mes compagnons et, devant nos cafés, nous nous lançons dans une révision sans fin des événements de la veille, chacun y allant de ses détails, de ses sensations, de ses visions. Nos gestes sont plus fluides, nos rides moins profondes.

Laetitia est soulagée de nous avoir conduits au pied d'un vortex sans nous faire courir de gros risques – selon elle –, Matthieu se félicite de rentrer en France avec des centaines de photos d'orage et trois « cerises sur le gâteau », comme il dit, Alex et moi jubilons: non seulement nous ramenons trois tornades dans nos rushes, mais notre course-poursuite effrénée, semée d'embûches, et cette victoire sur le fil pimentent le scénario de notre reportage; si nous avions réussi à filmer des vortex dès les premiers jours, l'aventure aurait été différente, nous aurions continué sur un rythme plus tranquille, avec moins de pression mais moins d'émotions. Peut-être même que nous n'aurions jamais été cette chose qui me saute aux yeux ce matin : une équipe. Car à nous voir ainsi nous écouter les uns des autres, blaguer et rire, je comprends que nous sommes enfin ce collectif dont l'éclosion semblait impossible, alliage hétéroclite de personnalités presque incompatibles, agrégé sur le tas, rafistolé au gré des épreuves et solidifié par le ciment de l'effort.

Le petit-déjeuner touche à sa fin et un regard d'Alex suffit à me faire comprendre qu'il faut leur dire : hier soir, en roulant vers Amarillo, nous avons pris une décision importante, nous n'allons pas reprendre la route pour Chicago avec Laetitia et Matthieu comme il était prévu aujourd'hui, nous avons décidé de prolonger notre séjour pour tourner quelques séquences supplémentaires.

« Les amis, Simon et moi, on a bien réfléchi, explique Alex, on pense que l'accumulation de scènes de chasse va rendre notre reportage trop répétitif aux yeux des téléspectateurs, on a peur qu'ils s'ennuient et zappent avant la fin. On est aussi mal à l'aise avec l'idée de ne pas donner la parole aux victimes de tornades. On aimerait trouver une famille qui a tout perdu, pour que les gens comprennent que ce n'est pas un phénomène anodin... On voudrait également tourner une séquence au Storm Prediction Center.»

Nos compagnons tirent la tronche. Ils ne s'attendaient pas à ça. Nous devions reprendre l'avion vers la France, terminer cette aventure ensemble. Une gêne s'installe. Je ne sais pas quoi dire. Finalement, Matthieu brise le silence en premier: «Si c'est mieux pour le reportage, alors faut le faire, vous inquiétez pas pour nous, dit-il en esquissant un sourire.

– Et si vous arrivez à aller au SPC, donnez-leur mon CV», embraie Laetitia.

La pilule est en train de passer.

Matthieu attrape le recueil de cartes routières. Ils vont peut-être faire un détour par le Kansas si une cellule orageuse s'y présente dans l'après-midi. Alex et moi allons mettre le cap sur Norman, petite ville de la banlieue d'Oklahoma City où sont situés les locaux du Storm Prediction Center. Nos routes ne se séparent pas immédiatement, cela nous soulage, nous n'avions pas envie de nous dire au revoir ici, sur le parking du motel.

Nous quittons Amarillo par le nord-est, longeons d'immenses parcs à bestiaux, des restaurants sans clients, un bowling vieillot et quatre ou cinq vendeurs de mobile homes, puis continuons le long de l'US 60, où le paysage est d'une uniformité déprimante. Nous atteignons et traversons Panhandle, puis White Deer, *boomtowns* pétrolières des années 1920 aujourd'hui moribondes dont les seuls commerces florissants, comble de l'ironie, sont les stations-service. Passé Pampa, nous nous arrêtons dans un champ. C'est l'heure des adieux. J'ai la gorge nouée. Malgré toutes les fois où je les ai maudits, Laetitia et Matthieu m'ont embarqué dans une odyssée incroyable, m'ont fait traverser des lieux que personne ne visite jamais, m'ont permis de voir des tableaux dont les beautés n'existent nulle part, des phénomènes dont la matérialité brute a révolutionné mon appréhension du monde. Je serre Laetitia dans mes bras, fier d'avoir rencontré ce personnage au caractère solide, dont le calme et la bonne humeur n'ont pas faibli quand les éléments étaient contre nous ; j'attrape la poigne de Matthieu sans pouvoir dire un seul mot, espérant qu'il percevra dans le contact de nos épidermes le respect que je lui porte à la fin de ce voyage. Alex les remercie à son tour et, comme des ados en fin de colonie de vacances, nous nous promettons de nous revoir bientôt. Ils remontent dans la Nissan, s'engagent sur la ligne droite, sortent chacun un bras en dehors de l'habitacle et battent l'air pour nous dire au revoir ; on dirait qu'ils essaient de s'envoler. J'ai les larmes aux yeux. Nous voici seuls dans la Tornado Alley.

15 heures. Les plaines se couvrent d'usines, de hangars et de centres commerciaux, les routes s'élargissent, le trafic se densifie. La skyline d'Oklahoma City réapparaît au loin, peut-être aurons-nous le temps de nous y arrêter cette fois-ci.

Norman. Notre hôtel est plus haut de gamme que les précédents. Je m'imagine déjà y faire la meilleure sieste de ma vie lorsque, à la réception, je remarque un petit panneau *Tornado Shelter*, « abri anti-tornade », indiquant les sous-sols. Je frissonne. Nous prenons en effet nos quartiers dans la zone la plus exposée aux tornades du monde : 3682 vortex ont frappé l'Oklahoma entre 1950 et 2015, un record absolu. Je comprends soudain qu'en perdant nos compagnons nous avons perdu nos vigies. Troublé, j'attrape mes clés sur le comptoir et monte dans ma chambre. Là, j'essaie de me raisonner : si la probabilité qu'une tornade détruise cet hôtel dans les prochaines minutes est plus forte que n'importe où ailleurs sur la planète, elle reste faible. Dehors, le ciel est bleu. Pas de raison de s'inquiéter. Je peux faire une sieste.

Je m'allonge sur le lit, ferme les yeux, tente de contrôler mon souffle et de faire baisser mon rythme cardiaque. Les draps sentent bon, l'oreiller est moelleux, le temps commence à s'évanouir, mon esprit s'évade vers la Normandie.

Il fait beau, je suis en tee-shirt malgré la brise un peu fraîche et me promène sur la digue en béton qui longe la mer. On doit être hors-saison, il n'y a aucun touriste, je suis seul. Devant moi, la baie s'étend vers le nord-est, de longues vagues arrivent du large, plissant délicatement la surface de l'eau. C'est l'étale, tout est calme. J'avance lentement en direction du phare comme j'en ai l'habitude. Passé le camping, je longe les bateaux de l'école de voile, puis le gros rocher que j'escaladais petit. Enfin, après avoir descendu un vieil escalier en pierre, je continue vers la petite plage abritée des vents d'ouest. Derrière moi, je perçois soudain un vrombissement. Je m'arrête, les sens aux aguets. Le vrombissement grossit, emplit l'air, le sol se met à trembler : *quelque chose* approche. Je ferme les yeux, serre les poings, je sais ce qui va se passer. Une sirène se déclenche : *Tornado Warning.*

Je me redresse sur mon lit, affolé, prêt à courir vers les sous-sols de l'hôtel. *Tornado Warning* ? Vraiment ? Je tente de me concentrer. Quelques secondes passent. Non, aucune sirène ne s'égosille sur Norman, simple cauchemar. Je m'allonge de nouveau, tente de penser à autre chose, mais la fatigue est telle que le sommeil revient sans forcer, les sirènes aussi. Je me lève de nouveau, ouvre les rideaux : les cieux sont intacts, le soleil radieux, aucune tornade à l'horizon. J'appelle Alex pour lui proposer d'aller faire un tour en ville. Il accepte.

Le centre de Norman s'avère plus mignon qu'escompté et étonnamment riche en boutiques malgré le gigantesque centre commercial situé à proximité. Nous nous baladons, passons devant une salle de karaté dont la porte est décorée d'une grande photo du professeur bras dessus, bras dessous avec Chuck Norris, puis devant un magasin de guitares d'occasion malheureusement fermé – chaque fois que je viens en tournage aux États-Unis, je rêve d'en ramener une, mais ne trouve jamais le temps. Cinquante mètres plus loin, nous découvrons un bar allemand, le Das Boot Camp, pour la plus grande joie d'Alex, germanophile averti. Nous commandons des bretzels, des saucisses et une pinte chacun. Il n'en faut pas plus pour nous saouler : après onze jours de chasse et 7 500 kilomètres de voiture, nos organismes ne tiennent plus l'alcool.

Deux heures plus tard. Je m'endors sans entendre la moindre sirène.

INNOCENT, TE SOUVIENS-TU ?

29 MAI 2015
NORMAN, OKLAHOMA
12 km

La sonnerie de mon téléphone m'agresse. Nuit de merde finalement. Foudres et tornades sont venues me chercher plus tard que d'habitude. J'ai un mauvais goût dans la bouche, mal à la tête et je claudique jusqu'à la salle de bains, les jambes engourdies, le dos raide comme un arbre mort. Dans le miroir, un autre moi me regarde, les yeux cernés, pâle comme un grêlon.

Je descends retrouver Alex qui fume sur le parking. Laetitia et Matthieu ont envoyé des nouvelles par texto : ils ont pu photographier quelques foudres et une petite tornade dans le Kansas hier, ils foncent vers Chicago aujourd'hui pour attraper leur vol à temps. Je les envie.

Ce matin, 6 kilomètres à peine nous séparent de notre lieu de tournage, je n'ai plus l'habitude des petites distances. Le Storm Prediction Center se trouve au milieu du campus propret de l'université de l'Oklahoma. Nous nous garons devant l'imposant bâtiment de briques et longeons à pied l'impeccable pelouse scintillante de rosée sur laquelle des oies bernaches cherchent leur petit-déjeuner. À l'intérieur, un ascenseur aux parois de verre nous monte au deuxième étage où une porte blanche siglée « SPC » nous attend. Alex appuie sur l'interphone, des pas s'approchent, un homme ouvre : Russel Schneider, le directeur. Celui-ci, très affable, nous invite à le suivre dans la salle des opérations, une pièce d'une soixantaine de mètres carrés couverte de moquette et d'écrans de contrôle devant lesquels quatre ou cinq personnes s'abîment les yeux sept jours sur sept, vingt-quatre heures sur vingt-quatre. Ici des météorologistes tentent de prévoir la survenue des orages, des averses, des inondations, des tornades mais aussi des blizzards et des incendies sur l'ensemble du territoire américain. Pour Alex et moi qui, ces deux dernières semaines, avons attendu avec impatience – et angoisse parfois – les prévisions quotidiennes de ce service, l'expérience est déconcertante : nous voici de l'autre côté du miroir. Nous filmons une heure dans cette pièce, puis décidons de faire une interview de M. Schneider dans son bureau. C'est un petit bureau de fonctionnaire, gris, impersonnel, décoré de diplômes et de photos de famille, meublé d'une petite bibliothèque et d'une table sur laquelle s'entassent de vieux journaux, éditions originales parues au lendemain de tornades « mémorables » – c'est-à-dire destructrices –, collection personnelle de M. Schneider. Alex profite de cette interview pour lui demander s'il ne connaîtrait pas une famille victime d'un vortex ces dernières années et qui serait d'accord pour nous recevoir. Une histoire lui vient spontanément à l'esprit où il est question d'une maison réduite en miettes et d'une baignoire salvatrice. Le nom de la famille ne lui revient pas, mais celui de la tornade, oui, c'était celle de Moore, le 20 mai 2013.

Nous le remercions, quittons le SPC et nous installons quelques instants dans la cafétéria du bâtiment, le Flying Cow Café, où tout un chacun peut venir déguster un mauvais sandwich et boire un mauvais café entre trois thésards et deux chercheurs mondialement célèbres en sweats à capuche.

De retour à l'hôtel, je traverse la réception en m'efforçant de ne pas regarder le petit écriteau *Tornado Shelter*. Dans ma chambre, je tente une nouvelle sieste, mais abandonne rapidement, tout se mélange, le réel, les songes, les angoisses ; aux cœurs fragiles il ne sera donné aucun repos. J'attrape mon téléphone ; il est 22 heures à Paris, peut-être que Géraldine ne dort pas. Elle décroche. Elle est déjà couchée. Sa voix chuintante de fatigue me donne envie de me glisser sous la couette avec elle, je voudrais retrouver sa présence, ne plus dormir seul ici, livré à mes angoisses. Elle me raconte ses cours, ses étudiants, ses recherches… Le récit de son quotidien m'apaise et me rappelle que, quelque part, existe une vie sans foudres ni vortex, une vie où les gens vont et viennent sans scruter le ciel, sans craindre le moindre nuage, sans entendre – ou croire entendre – des sirènes. Elle me demande de lui raconter notre journée de chasse à Canadian, ce que ça fait de voir une tornade en vrai. Je m'exécute, mais suis déçu par mon récit, les souvenirs trop chauds font de mauvaises histoires. J'abrège. Elle veut savoir si ça va, je lui réponds que oui, je ne veux pas lui parler de mes peurs ni de mes cauchemars et me tais. Sept mille huit cents kilomètres de silence nous séparent tout à coup. Elle bâille. Je lui souhaite bonne nuit, elle me souhaite bon courage.

Synthetic, 30°, Start. La machine commence à tourner. Alex a découvert que l'hôtel était équipé d'une buanderie en self-service, très bonne nouvelle. Mes habits, pris dans la tourmente de lessive, valdinguent derrière le hublot et je les regarde, hypnotisé, espérant me sentir lavé de mes propres angoisses lorsque je les porterai de nouveau. Le temps que le programme s'exécute, je décide d'aller dans le centre commercial situé à l'arrière de l'hôtel, peut-être y trouverais-je un cadeau pour Géraldine.

Sur place, je comprends vite que c'était une mauvaise idée : ces couloirs interminables au carrelage étincelant, ces vitrines soignées aux publicités racoleuses, ces rayonnages envahis de produits dispensables, ces clients ravis aux caddies débordants, ces chansons mièvres qui passent en boucle me semblent à des années-lumière de l'Amérique délabrée que nous avons sillonnée ces deux dernières semaines. Je me sens déphasé, perdu.

Pour ne pas rentrer bredouille, je m'enfonce néanmoins dans une enseigne de prêt-à-porter avec l'espoir de trouver un tee-shirt *Oklahoma* ou quelque chose du même genre, mais plus j'avance, plus la nervosité me gagne : j'ai chaud, je transpire, des fourmis frétillent dans mes avant-bras, mes mains tremblent. Je balaie l'espace autour de moi : pas une fenêtre, pas une ouverture sur l'extérieur... Et si une tornade se formait, là, maintenant, tout de suite ? Comment savoir ? Cette pensée submerge mon cerveau en un millième de seconde. Je suffoque. Tee-shirts, débardeurs et leggings se mettent à tourner, d'abord lentement, puis de plus en plus vite. Mes oreilles bourdonnent, le sol prend de la gîte, je vais tomber. Je me retiens à un portant, titube tant bien que mal vers la sortie, traverse la galerie et sors sur le parking, plié en deux, bouche grande ouverte. Inspiration. Expiration. Je vais vomir. Inspiration. Expiration. Rien ne vient. Je lève les yeux : le ciel est bleu, infiniment bleu, désespérément bleu. Je m'assois sur un muret, le regard vide, prostré, dans l'indifférence générale. Au bout d'un moment, la bouillie sonore du parking redevient musique et se met à chanter un truc que je connais :

Do you recall, not long ago
We could walk on the sidewalk
Innocent, remember?
All we did was care for each other
But the night was warm
We were bold and young
All around, the wind blows
We would only hold on to let go

Te souviens-tu, il n'y a pas longtemps
On pouvait marcher sur le trottoir
Innocent, te souviens-tu ?
Tout ce que nous faisions,
c'était prendre soin les uns des autres
Mais la nuit était chaude
Nous étions audacieux et jeunes

Tout autour, le vent souffle
Nous voulions seulement nous étreindre
pour lâcher prise

Les larmes me montent aux yeux. Je me sens seul et triste, il ne faut pas rester là. Je me lève, reprends la direction de l'hôtel sans repasser par la galerie marchande, je préfère marcher à l'air libre et garder un œil sur le ciel, quitte à faire un détour.

Le soir, au Das Boot Camp, j'avale mes saucisses et ma bière avec difficulté, je n'ai pas faim. Je ne parle pas de mes crises d'angoisse à Alex, j'ai trop honte. Je me force à sourire, donne le change. Nous rentrons tôt.

Dans ma chambre, je me brosse les dents et contemple à nouveau ce pauvre homme dans le miroir de la salle de bains. Des veines bleues zèbrent la base de son cou, on dirait qu'il a vieilli de cinq ans en une journée.

Avant de me coucher, je regarde une dernière fois par la fenêtre : une moitié de lune brille dans le ciel, et quelques étoiles avec elle, aucun orage n'est prévu pour cette nuit, tout le monde peut dormir sur ses deux oreilles.

Tout le monde sauf moi.

La nuit est devenue mon calvaire, mon chemin de croix. Des vortex se formeront dès que je fermerai les yeux, je le sais, j'en suis sûr. Je cale trois coussins derrière mon dos et m'assois sur mon lit : je ne veux pas dormir, je ne veux pas leur laisser la moindre chance de me dévorer. J'éteins et, tapi dans le noir, guette le ciel immense.

L'ARCHE

30 MAI 2015
NORMAN, OKLAHOMA
34 km

Je n'ai pas réussi à veiller toute la nuit.

Au petit-déjeuner, ne pouvant dissimuler ma fébrilité, je raconte à Alex une partie de mes cauchemars, mais minimise leur intensité. Il se moque de moi, finit par me faire rire. Je lui sais gré de tourner mes problèmes en ridicule, ils paraissent moins graves.

Aujourd'hui, nous avons rendez-vous dans la ville de Moore, limitrophe de Norman, où vit la famille « tornadée » dont nous a parlé Russel Schneider. C'est notre dernière séquence.

Moore coche toutes les cases de la banlieue typique américaine : des avenues rectilignes bordées de fast-foods, de centres commerciaux, de salons de tatouage et d'armureries, des quartiers résidentiels taillés en damier, des maisons aux pelouses bien tondues. Ni chic ni pauvre. Fonctionnelle. Nous suivons le GPS dans ce décor de séries télévisées, puis abordons un lotissement flambant neuf où, dans un dédale de rues parfaitement identiques et de pavillons siamois, nous nous égarons. Le moment pourrait être cocasse, il nous glace : cette fraîcheur immobilière pue la repousse post-tornade. Entre 1890 et 2015, 160 vortex ont frappé Moore, arrachant à la ville des pans entiers de son cadastre et une soixantaine de ses habitants.

Au bout de quelques minutes, nous retrouvons notre chemin et arrivons devant une jolie maison de briques. Sur le perron, toute la famille Kriesel nous attend, à savoir Amber et Nathan, la quarantaine tous les deux, et leurs trois filles, Kaley, Zoe et Sophie, très intimidées par ces étrangers débarqués de si loin avec leurs caméras et leur accent bizarre.

Les Kriesel nous invitent à les suivre à l'intérieur. La maison est très mignonne, mais quelque chose me met tout de suite mal à l'aise sans que je sache quoi. Photos de famille sur les murs, grande télévision, grand canapé, grand frigo, rien ne manque à la panoplie « classe moyenne américaine », pas même, sur le bar de la cuisine, un petit aquarium arrondi accueillant deux poissons rouges. Je tapote contre la vitre du bocal.

« On a racheté exactement les mêmes pour ne pas trop perturber les filles », souffle Amber derrière moi.

Je la regarde avec un sourire contrit et comprends ce qui me gêne ici : tout est neuf, les meubles, les coussins, les lampes, les chaises, les couverts, les tasses, la machine à café, le grille-pain... Chaque objet est une cicatrice. Les Kriesel ont pu acheter cette maison grâce aux primes d'assurance et aux dons de quelques particuliers, mais tous les éléments du décor trahissent l'événement, ce moment où la vie s'est scindée en deux, tranchée net par un vortex, le 20 mai 2013.

« Ce matin-là, raconte Amber, j'ai emmené Kaley à l'école, puis je suis rentrée à la maison avec les jumelles. Nathan est parti au travail. À midi, la météo a commencé à se dégrader sérieusement. Je suis retournée chercher Kaley. Le ciel était noir, la radio et la télévision annonçaient un fort risque de tornade. J'ai commencé à faire ce qu'on s'était dit la veille, Nathan et moi : je suis allée chercher les casques de vélo dans le garage et j'ai traîné notre matelas dans la salle de bains. Un peu avant 15 heures, les sirènes se sont déclenchées et j'ai soudain entendu cogner contre la porte d'entrée. C'était Nathan, il aurait dû être au travail, mais son patron l'avait autorisé à partir. La radio venait d'annoncer que la tornade s'était formée et qu'elle s'approchait de notre quartier. Sans attendre, nous avons enfilé nos casques, allongé nos filles dans la baignoire et nous nous sommes agenouillés à leurs côtés, le matelas au-dessus de nous. Soudain, il s'est mis à faire très noir et tout a commencé à trembler. Le bruit était énorme, on ne s'entendait même pas crier. Des débris volaient dans tous les sens et nous frappaient les côtes. Je ne cessais de prier et de me répéter : "Tiens bon, tiens bon, encore un petit peu, ça va passer", mais c'était interminable. J'étais terrorisée. Tout à coup, la baignoire a commencé à tourner sur elle-même et je me suis dit : "C'est la fin", mais presque aussitôt, tout s'est arrêté. Nous avons poussé le matelas. Il y avait plein de lumière et il pleuvait. Je me suis dit : "C'est bizarre, je suis dehors alors que je suis dans ma salle de bains !" Il n'y avait plus aucun mur autour de nous. La baignoire était remplie de débris de ciment, de bois, de plastique et, l'espace d'un instant, j'ai cru que mes filles étaient mortes étouffées, mais elles ont relevé la tête, saines et sauves. Nathan en a pris deux, moi la dernière et nous sommes partis à pied. Notre maison n'existait plus. Le 4x4 garé dans notre garage avait atterri 50 mètres plus loin, de l'autre côté de la route. Le quartier était en ruine, c'était une zone de guerre. J'ai regardé Nathan, les filles et je me suis dit : "J'ai tout perdu, mais je repars avec tout ce qui compte." »

Les Kriesel ont de la chance : 24 de leurs voisins sont morts. L'hôpital, l'école de Kaley et 300 autres maisons sont à terre, la ville est scindée en deux par une balafre large d'un kilomètre et demi.

Pour Amber et Nathan, très croyants, c'est Dieu qui a mis cette baignoire sur leur chemin, cette « arche », comme il l'appelle depuis, qu'ils ont emportée avec eux et qui, aujourd'hui, repose dans leur jardin au milieu d'un parterre de fleurs.

Traumatisés par cette expérience – particulièrement Amber qui, cachée dans un placard, avait déjà survécu en 1999 à l'une des plus violentes tornades qu'ait jamais connues le pays* –, les Kriesel ont voulu emménager dans une maison équipée d'un abri anti-tornade, sorte de mini-bunker de 3 mètres carrés enterré sous la dalle en béton du garage. Kaley, Zoe et Sophie sont très fières de nous le faire visiter. À l'intérieur, deux petits bancs se font face ; dessous, des bouteilles d'eau, des provisions, des casques de vélo. Sur le mur du fond, une grande photo de toute la famille posant autour de l'« arche », comme pour leur rappeler qu'ils ont déjà survécu au pire.

« Le week-end dernier, il y a eu cinq ou six alertes dans la même nuit, raconte Amber. Chaque fois, on est descendus ici pour se cacher. C'est sûr qu'à cinq on est un peu serrés, mais ça va, les filles aiment bien y aller maintenant. »

* La tornade de Bridge Creek-Moore du 3 mai 1999 (EF5). Vents mesurés : 484 kilomètres/heure ; durée de vie : 85 minutes ; parcours : 61 kilomètres ; 38 morts, 583 blessés ; coût des dégâts : un milliard de dollars.

Elle s'arrête net. Mon cœur en fait presque autant. Dehors, une sirène vient de se déclencher. Je lève les yeux de ma caméra, regarde Nathan qui, après quelques secondes de réflexion, tente de nous rassurer : « Ce n'est rien. À mon avis, ils font des tests, ça arrive des fois. La météo n'annonçait rien pour aujourd'hui, il me semble, non ? »

Non, la météo n'annonçait rien pour aujourd'hui, mais qui sait, ce ne serait pas la première fois que le ciel nous jouerait un mauvais tour. Les secondes passent. Une minute. Deux minutes. La sirène entame un long decrescendo : des tests, donc.

Les filles se plaignent, elles ont faim. J'ai besoin d'une pause moi aussi. Alex annonce à tout le monde que nous allons les laisser une heure ou deux pour faire des plans du quartier et trouver quelque chose à manger. Je m'éclipse sans attendre. Dehors, le ciel est parfaitement bleu, encore. Ce tournage est en train de me rendre fou. Caméra à la main, trépied sur l'épaule, je pars seul me vider la tête dans les rues alentour. Perspectives et symétries m'inspirent, sous l'œil désinvolte du voisinage qui vaque à ses occupations : vélo, bricolage, tondeuse. Je filme ces instants banals et ne peux m'empêcher de me demander comment font ces gens pour vivre ici sans craindre la prochaine tempête. À leur place, j'aurais quitté cet endroit depuis longtemps, aux États-Unis ce n'est pas l'espace qui manque.

Alex me rejoint. Il aimerait que nous allions faire quelques images de la Plaza Towers Elementary School, l'école de Kaley détruite par la tornade. Nous marchons cinq minutes, jusqu'à ce que nous apercevions l'établissement. On est samedi, le parking est vide. Intimidé par cette bâtisse aux briques trop fraîches, je tourne quelques plans à distance avant de m'approcher sur la pointe des pieds, comme un badaud sur une scène de crime. Devant la porte d'entrée, des bancs de granit rappellent le drame : sept élèves sont morts ici ce fameux 20 mai 2013. Je coupe ma caméra. Jamais pierres ne m'ont semblé si déprimantes. Jamais ville ne m'a paru si lugubre. D'aucuns diraient que ces dizaines d'habitations neuves étalées devant moi sont le symbole même de la résilience, de la vie qui reprend ses droits, mais moi, dans la blancheur de ces constructions, dans les toitures rutilantes et les volets unis, je ne vois que la destruction et la mort, des caveaux dernier cri.

En début d'après-midi, face à l'hôpital en reconstruction, nous retrouvons les Kriesel sur un carré de terre sèche parsemé de brins d'herbe et de pissenlits. Kaley, Zoe et Sophie s'amusent à en cueillir. Cette terre, c'est celle qu'Amber et Nathan avaient payée de leur sueur, celle où se dressait leur ancienne demeure. Je les filme en train de déambuler sur ce qui fut leur entrée, leur salon, leur cuisine, leur garage. Le terrain me paraît trop exigu pour avoir contenu autant de pièces. Pour nous aider, Nathan se lance dans une visite virtuelle, quadrille l'espace à grandes enjambées, replace les murs, les portes, les fenêtres, agite les bras dans tous les sens, puis soudain hésite, revient en arrière, recommence, tergiverse, ne sait plus. La gorge nouée, je regarde cet homme perdu dans son labyrinthe sans murs. À quelques mètres de lui, accroupies dans leur chambre disparue, les filles enterrent leurs bouquets de pissenlits.

« C'est pour les gens qui sont morts », m'expliquent-elles.

Amber les laisse faire, les larmes aux yeux.

THUNDERSTRUCK

31 MAI 2015
NORMAN, OKLAHOMA — CHICAGO, ILLINOIS
1 304 km

L'autoroute à six voies est fluide. Assis sur le siège passager, je laisse courir mes yeux sur les hangars, les motels, les boutiques défilant sur le côté. Je bâille : je me suis levé à 5 heures du matin pour filmer le lever du soleil, mais un banc de nuages est venu ruiner ma tentative au dernier moment. Nous traversons Norman, Moore, puis bifurquons vers l'ouest. J'aperçois encore, et pour la dernière fois, la skyline d'Oklahoma City dont le plus haut gratte-ciel, la Devon Tower, brille de mille éclats. Nous n'aurons jamais eu le temps d'y faire un tour. Quelques kilomètres plus loin, l'autoroute se divise : à droite « Tulsa, Wichita », à gauche « Airport Road ». Pendant une seconde, je me dis qu'Alex est capable de me faire une blague et de prendre à droite, mais non, il tourne à gauche, lui aussi veut rentrer. Il me dépose devant l'aérogare avec nos bagages et part rendre la BMW à l'agence de location. Je regarde ma fidèle compagne de route s'éloigner, couverte de boue et de poussière, balafrée de noir sur l'aile gauche. J'ai le cœur gros.

Alex revient quarante minutes plus tard, hilare : le gars de l'agence a failli faire une syncope quand il a vu le nombre de kilomètres au compteur et l'état de la voiture. Il a vérifié qu'on avait bien pris *full insurance* et l'a laissé partir, résigné.

Nous entrons dans le terminal de l'aéroport, presque vide. Derrière le comptoir, une hôtesse nous accueille et nous commençons à enregistrer nos bagages, quand un rire résonne au comptoir d'à côté. Je jette un œil : c'est Greg, le leader des Tornado Hunters. Dans un réflexe, je lui tourne le dos pour qu'il ne me voie pas, terrorisé à l'idée qu'il nous propose de partir en chasse avec lui.

« Hey, les gars ! Comment ça va ? » lance-t-il derrière moi.

Raté.

« Salut, Greg, répond Alex tout sourire, ça va, on rentre en France, et toi ? Qu'est-ce que tu fais ici ?

– Moi, j'en ai marre, je rentre au Canada retrouver ma femme et mes enfants, quelle saison pourrie ! Vous avez eu votre tornade ?

– Oui ! On était à Canadian mercredi, on en a eu trois. »

Greg sourit.

« Oui, on était là aussi, c'était une bonne journée, la dernière pour nous d'ailleurs. Le lendemain, Ricky a percuté un rocher en faisant une marche arrière, Flash est hors service pour un moment. »

J'essaie de paraître désolé, mais une vague de soulagement déferle sous mon épiderme. À cet instant précis, je comprends qu'au fond de moi je craignais encore que nos chefs nous demandent de le rappeler pour l'accompagner sur une chasse. Cela ne peut plus arriver, rien ne nous retient ici désormais.

L'avion s'ébroue et s'aligne sur la piste. Accélération. Je compte les secondes dans ma tête. Le nez de l'appareil se lève, les roues quittent la terre ferme et nous filons vers ces cieux que j'ai tant honnis ces derniers jours. L'appareil slalome au milieu de petits cumulonimbus en formation et je ne peux m'empêcher de scruter leurs formes rebondies et mouvantes, leurs bourrelets et leurs barbules, leurs nuances de blanc. En bas, j'aperçois les locaux du Storm Prediction Center et, un peu plus loin, les quartiers ressuscités de Moore. Une sensation bizarre me creuse l'estomac, je me sens presque coupable d'abandonner ces gens à leur sort.

L'annonce du commandant me réveille, nous sommes en approche. Je jette un œil par le hublot.

Le ciel est bleu, de ce bleu intense qu'on ne voit qu'en altitude. Sous la carlingue, tout en bas, je ne vois que du bleu aussi, un beau bleu glace : le lac Michigan. L'avion prend du roulis, vire. Apparaît alors la skyline de Chicago, la *Windy City*, la ville du vent. Même si une centaine de tornades ont frappé l'agglomération en un siècle et demi, le risque est mineur, nous sommes théoriquement sortis de la Tornado Alley.

Ce soir-là, une copine d'Alex expatriée aux États-Unis nous offre le gîte pour la nuit. Elle travaille pour l'un des plus gros fournisseurs de gobelets et d'assiettes en carton du pays et vient de s'acheter un joli appartement avec terrasse et barbecue dans un quartier en pleine gentrification.

Chez elle, je m'affale avec bonheur dans son canapé moelleux. Pendant quelques instants, je me sens déphasé dans cet intérieur soigné et chaleureux, rempli de livres, de plantes, de bibelots, de disques, autant de banalités domestiques qu'après tant d'heures passées sur la route, dans les stations-service et les motels standardisés, j'avais fini par oublier. Quelle étrange sensation de retrouver la singularité d'un décor personnalisé, ces petits détails qui font qu'on est chez quelqu'un. Je reviens d'un voyage hors du monde et hors du temps.

Le crépuscule s'étire. Après avoir dîné dans un restaurant à la mode, rempli de hipsters en bonnets et de filles portant des lunettes XXL, nous remontons Clark Street pour aller boire un verre au Carol's Pub, l'un des derniers *honky tonks* de la ville, seul bar du quartier encore ouvert le dimanche soir. La façade extérieure n'est pas très accueillante, mais derrière la vieille porte noire, nous découvrons une vaste salle au décor typiquement américain : un long comptoir en bois vernis, un billard, un jeu de fléchettes électroniques – péché mignon d'Alex – et un jukebox riche en titres d'AC/DC. Notre nuit s'affole autour de ce triptyque, bien aidée par plusieurs tournées de gin tonic, sous le regard mi-amusé, mi-désespéré du tenancier qui se demande pourquoi trois Français arrosent ainsi leur soirée dominicale, mimant à n'en plus finir l'intro de guitare d'Angus Young sur *Thunderstruck*.

UPPERCUTS

1er JUIN 2015
CHICAGO, ILLINOIS — PARIS, FRANCE
6 964 km

L'alcool et la douceur des draps ne m'ont pas apporté le repos que j'espérais. Je passe par la cuisine, me sers un café noir, puis rejoins Alex dans le salon. Nous sommes seuls, son amie est partie travailler. Je me love dans le canapé inondé de soleil, attrape la guitare posée contre la bibliothèque et joue quelques morceaux. Nous n'avons pas grand-chose à faire avant notre départ pour l'aéroport, tant mieux, fatigue et gueule de bois anesthésient nos corps et nos esprits. Avec lenteur, nous rangeons nos affaires, répartissons notre matériel dans les caisses et sauvegardons les derniers rushes dans nos disques durs, non sans regarder quelques images : les tornades de Canadian, la rotation de Las Animas, les foudres de Fort Stockton. Tout me paraît irréel.

Dix mille mètres sous nos fesses, l'Atlantique n'est plus qu'une masse sombre s'effaçant dans la nuit. Assis à l'arrière de l'appareil, je me détends, l'esprit absorbé par *Rocky II.* Alex, qui n'aime pas l'avion, n'a pas pris de cachet, il sait que la fatigue accumulée sera le meilleur des anxiolytiques. Mais alors que Sylvester Stallone se prend une droite, notre Airbus A380 se met à bondir une fois, deux fois, chasse de l'arrière. Le voyant lumineux *Fasten your seatbelts,* « Attachez vos ceintures », s'allume en émettant son bip universel – le commandant de bord nous avait pourtant dit au décollage que le vol serait « tranquille ». Les secousses recommencent. Moi qui n'ai jamais été sensible aux turbulences, je suis pris cette fois d'une rage irrépressible, une envie de tout envoyer en l'air, mon plateau, ma tablette, mon siège ; je veux me lever, courir à l'avant, entrer dans le cockpit et prendre les commandes de l'appareil pour faire le boulot de ces incapables de pilotes. Attaché, coincé sur mon siège, je me sens aveugle, impuissant, piégé dans cet habitacle de métal comme je l'étais dans la BMW sous le déluge de Marietta, rossé par les éléments, fonçant vers l'inconnu, noyé au cœur d'une situation météorologique dont je ne sais rien et contre laquelle je ne peux rien. Alex, inquiet, tente de me rassurer. En vain. Plusieurs minutes s'écoulent. Les turbulences finissent par passer, je me calme, mais cet accès de colère inattendu m'a lessivé. Quelque chose a changé pendant ce tournage, je ne me reconnais plus. Je commence à douter de moi, à me demander ce qu'il se passera les prochaines semaines, à dresser un listing des situations anodines susceptibles de devenir « à risques ».

Sur l'écran, Stallone, mal en point, se relève à la dernière seconde et remporte son combat, c'est un *winner*, lui, un type qui n'a peur de rien.

LE GRAND RETOUR

2 JUIN 2015
PARIS,
FRANCE

Roissy-CDG. Terminal 1. Tourner en rond aura été l'affaire principale de cette aventure. J'ai la nausée, la fatigue sûrement. Alex et moi parlons peu. Dans deux ou trois heures, nous saurons que cette aventure est derrière nous et un grand vide nous tiendra pour quelques jours: il est parfois difficile de revenir à une vie normale après un reportage; pendant plusieurs jours, plusieurs semaines, on s'est glissé dans la peau d'un autre, la vie d'un autre, les habitudes d'un autre, libéré de nos obligations, de nos identités, de nos quotidiens ennuyeux.

Deux heures de bouchons plus tard, le chauffeur de taxi nous réveille. Je regarde dehors, l'immeuble de la rédaction me toise. Il n'a pas changé. Nous sortons du véhicule, traînons nos carcasses et nos bagages jusqu'à l'ascenseur. Dans la cabine en métal, je me prends à rêver qu'en haut nos collègues nous attendent pour faire une haie d'honneur.

Troisième étage. Les portes s'ouvrent. Personne. Nous nous engageons dans le couloir. Silence absolu. Enfin, quelqu'un sort de son bureau.

« Salut, les gars ! Ça va ? Vous en avez une mauvaise mine, vous revenez d'où ?

– Des États-Unis, commence Alex, tu sais, le sujet sur les chasseurs de torna...

– Ah, attends, désolé, j'ai un appel », l'interrompt l'autre qui s'éloigne, portable sur l'oreille.

Nous reprenons notre traversée. Le bureau de notre rédacteur en chef est vide, celui de ses adjoints aussi, personne non plus dans l'open space. La plupart de nos collègues doivent être en montage, en tournage, en « dej' ». Nous déposons notre matériel dans un coin, enfermons les disques durs avec nos rushes dans un tiroir. Je me tourne vers Alex, lui dis que je suis claqué, que je rentre chez moi. Il me regarde quelques secondes sans parler, puis me prend dans ses bras. Nos dix-sept jours d'aventure se terminent ici, entre un bureau mal rangé et un paperboard aux feuilles de travers.

« On s'appelle demain », souffle-t-il.

Enfin, mon immeuble. Plus que six étages, sans ascenseur. Mon sac à dos pèse mille fois plus lourd qu'au départ, je n'ai pourtant rien ramené.

Je grimpe lentement, les yeux rivés sur l'épaisse moquette rouge de la cage d'escalier. Au sixième, ma porte est là, au bout du couloir. J'avance, enfonce la clé dans la serrure, tourne, *welcome home*. L'appartement est vide, Géraldine est encore au travail. Je pose mon sac, puis m'active pour ne pas m'endormir, lance une lessive, prépare le dîner, envoie un message à mes parents pour les avertir que je suis bien rentré. Ma mère me répond : « Super, bisous. »

Alors que la nuit tombe, Géraldine rentre à son tour. Je la serre dans mes bras, l'embrasse. Nous nous asseyons devant les pâtes que je nous ai préparées. Elle me pose des questions sur mon voyage, mais j'ai du mal à répondre, je ne sais pas par où commencer. Je lui raconte deux ou trois anecdotes avant de lui dire que je n'en peux plus, je vais me coucher.

UNE NUIT SUR LE TOIT

3 JUIN 2015
PARIS, FRANCE

J'ouvre les yeux, la chambre est plongée dans une légère pénombre, le soleil s'infiltre à travers les rideaux. Pendant de longues secondes, je laisse mon regard se promener sur les murs, les moulures, le miroir, les portes du dressing, le poêle hongrois, mon bureau, mon ordinateur, mes papiers, mes crayons, mes stylos. Cette chasse aux tornades a-t-elle bien eu lieu ou n'était-ce qu'un interminable songe ? Géraldine ouvre la porte, s'approche et s'assoit sur le bord du matelas. Je me redresse et essaie de rassembler mes esprits.

« Ça va ? Bien dormi ? me demande-t-elle.

– Oui, je crois.

– Tu sais quelle heure il est ?

– Non, quelle heure ?

– Quatorze heures. »

J'écarquille les yeux.

« Quoi ? J'ai dormi dix-sept heures d'affilée ?
— Oui. Et tu te souviens de la discussion qu'on a eue au milieu de la nuit ?
— Non, je ne me souviens de rien.
— Ben, vers 4 heures du matin, je me suis levée pour boire de l'eau et tu m'as dit quelque chose. Je n'ai pas compris, je t'ai demandé de répéter. Alors tu t'es assis et les yeux grands ouverts tu m'as hurlé dessus : "Si tu démarres à fond la caisse, m'oublie pas sur le toit !" »

ÉPILOGUE

« Simon, quand il est rentré des tornades, il était un peu fou. »

Voilà ce que j'ai récemment entendu dans la bouche d'un ami qui discutait avec une tierce personne. Oui, de retour en France, quelque chose avait changé : j'avais peur de l'imprévu, des bruits trop puissants, des ponts, des passerelles qui tremblent. Je ne supportais plus les turbulences, les situations dangereuses : nager dans de grosses vagues, faire du hors-piste en montagne, de l'escalade. Pendant de longues semaines, je ne sortais jamais sans vérifier qu'une « enclume » n'était pas en train de se former dans le ciel, obsédé par l'imminence d'un orage destructeur.

L'été suivant notre périple, je suis allé en Bourgogne. C'était en juillet. Une canicule s'abattait sur le pays et, quasiment tous les soirs, des orages gonflaient à l'ouest dans les contreforts du soleil couchant. Plus petits que ceux de la Tornado Alley, ils étaient assez gros pour m'effrayer. J'essayais d'évaluer leurs trajectoires, calculais s'ils allaient passer au-dessus de moi ou non, si j'étais à l'abri. Parfois, je les contemplais de ma fenêtre, angoissé mais aussi attendri, comme si je retrouvais une vieille connaissance.

En août, j'ai rejoint le Nord Cotentin, l'esprit tranquille, les orages y sont rares. Mais à la fin du mois d'août, alerte météo : un large système allait traverser le département le lendemain.

Ce jour-là, les premières cellules sont apparues au loin sur la mer dans l'après-midi et ont d'abord semblé vouloir rester au large avec les supertankers et les pétroliers. Ce n'est que tard le soir qu'elles ont piqué vers la côte. Des foudres s'abattaient sur les poteaux, les éoliennes, les arbres, le tonnerre explosait, roulait, fusait sur les haies, dansait sur les collines ; la campagne s'illuminait au gré des flashs, puis retournait à la nuit. Cramponné à mon volant sur la route reliant Cherbourg au Val de Saire, Géraldine à mes côtés, j'essayais de faire bonne figure, mais mon esprit était au supplice : je ne cessais de me répéter que tout allait bien se passer, que nous n'allions pas mourir ici, qu'un *flash flooding* ou une tornade étaient peu probables, mais n'arrivais pas à me convaincre. Lorsque nous sommes arrivés à la maison – sans encombre –, les orages s'étaient éloignés, j'ai cru que c'était fini pour de bon. Je me leurrais. Vers minuit, des rafales ont commencé à s'engouffrer dans la rue. Je me suis réveillé, cette mélopée lugubre m'inquiétait. Dix minutes plus tard, des trombes d'eau se sont soudainement abattues sur le toit de la maison. Je me suis levé et j'ai jeté un œil dehors : les réverbères tremblaient, les antennes tanguaient, mais, surtout, les bouches d'égout n'arrivaient plus à avaler l'averse ; la rue se remplissait. Mon angoisse, elle, débordait. J'ai enfilé un tee-shirt, un pull, un pantalon et suis sorti de la maison pour vérifier que la mer n'avait pas ouvert une brèche dans le petit muret de granit qui ferme la rue, que ce n'était pas elle qui était en train de tout envahir. Le muret était intact mais les vagues se jetaient contre lui, déchaînées, acérées. Dans le ciel, un nuage gigantesque recouvrait la mer, si grand et si noir que l'éclat du phare ne pouvait le percer. À cet instant, j'ai cru que les ténèbres avaient gagné. Je restais sans bouger, le visage fouetté par les embruns, les yeux fouillant la nuit, persuadé que le monstre était là, dans l'ombre, en embuscade.

Alors je me suis mis à parler, à lui parler :

« Vas-y, viens, amène-toi, je n'ai pas peur », répétais-je à n'en plus finir, d'une voix pleine de morgue, mais il continuait de se soustraire à ma vue. Il attendait peut-être que je lui tourne le dos pour sortir de sa cachette, que je sois vulnérable pour me foncer dessus et me dévorer. De frustration, j'ai poussé un long cri vers l'horizon, mort dans la seconde, lacéré par la pluie, dispersé par le vent. La tempête était plus forte. Je suis remonté dans ma chambre trempé de la tête aux pieds et j'ai secoué Géraldine pour lui dire de s'habiller « au cas où il faudrait évacuer ». Elle m'a regardé d'un air dubitatif, puis s'est exécutée pour que je la laisse dormir. Nous n'avons pas eu besoin d'évacuer.

Les mois suivant, les orages se sont faits plus rares, pourtant je ne cessais de penser à ce reportage. Les tornades tournaient en boucle dans ma tête, dans mes discussions, dans mes cauchemars. Une idée m'habitait : nous avions regardé la Gorgone dans les yeux et en étions sortis vivants, elle voudrait se venger. J'avais la certitude qu'elle me cherchait, que j'allais bientôt me retrouver dans sa ligne de mire et j'en étais pétrifié d'avance. Alex n'avait pas les mêmes problèmes, c'était le tournage le plus intense de sa carrière, mais il n'en gardait aucunes séquelles. Pour Laetitia et Matthieu, je ne sais pas, nous ne nous sommes jamais revus.

Je suis reparti trois fois en tournage aux États-Unis dans l'année, dont une fois avec Alex, au nord de la Tornado Alley. Aucune angoisse. De nouvelles histoires et de nouvelles péripéties s'amoncelaient sur mes plaies comme autant de compresses et d'onguents, je cicatrisais. Pourtant subsistait en moi, dans le souvenir de cette tornade sur l'horizon, l'impression d'avoir vu un signe, un message envoyé sur Terre, difficilement déchiffrable, comme un hiéroglyphe immense dans le ciel de ma vie. Pendant longtemps, j'en cherchais le sens, tournant autour sans rien trouver, et un jour j'ai enfin compris l'évidence : cette tornade, c'était moi, ou plutôt la représentation grandeur nature de la tempête qui règne parfois sous mon crâne, du tourniquet de mes tourments quand il démarre et s'emballe ; la copie parfaite de mon esprit tordu, mouvant, instable et ambivalent, bringuebalé entre envie et culpabilité, peur et courage, joie et tristesse, le reflet de ma névrose insatiable et destructrice.

Perturbé par cette découverte, j'ai rejoint ce soir-là quelques amis qui buvaient un verre sur les quais. La soirée était douce, la bonne humeur contagieuse. Je riais et laissais mes questionnements existentiels à plus tard, quand j'ai vu au loin, dans le lit du crépuscule, le dos rebondi d'un cumulonimbus en formation. Soudain, je n'écoutais plus, je n'étais plus là. Mon regard filait au-dessus du fleuve, transperçait l'horizon, volait au-delà de la bosse atlantique, de la côte américaine, franchissait les eaux boueuses du Mississippi et les forêts noires du Missouri pour atteindre les Grandes Plaines fumantes de poussière. De retour dans la Tornado Alley, je levai mon verre et portai un toast silencieux à Laetitia et à Matthieu, à Greg et à ses Tornado Hunters, à Roger Hill, à Reed Timmer et à tous les autres *storm chasers*, au cow-boy de Canadian et à son petit-fils, à Russel Schneider, aux Kriesel, à leur baignoire, leurs poissons et leur *tornado shelter*, à tous ces gens qu'une tornade faucherait peut-être dans les prochaines heures et qui continuaient pourtant de vivre là-bas, debouts, conscients des risques et des statistiques, prêts à subir et à reconstruire s'il le fallait. J'ai bu une gorgée en leur honneur, puis une autre en guise d'adieux : il était temps de tourner la page, de laisser cette aventure derrière moi. Je revenais à Paris, à ma soirée, et tentais de reprendre le fil des conversations mais n'y arrivais pas, mon esprit ne cessait de tourner en boucle autour de ce souvenir cardinal, cet instant zéro, œil de notre périple et de mes obsessions, où nous foncions sur la ligne droite à travers les Grandes Plaines, où dans mon rétroviseur le ciel était bleu quand devant tout était noir, où la tempête nous tendait les bras et où nous accourions, impatients de pénétrer sa chaleur, sa pluie, sa grêle, ses rafales, obsédés par le démon qui se cachait en son sein, que nous chassions depuis onze jours et qui nous fuyait ; quand les premiers éclairs fulguraient, que le tonnerre grondait et que la brise trop fraîche pour le mois de mai glissait sur ma nuque, puis filait vers l'imbroglio d'herbes folles, de cactus et de mesquites qui s'étalait jusqu'à l'horizon,

quand les tumbleweeds, comme dans les westerns,
roulaient sur ces étendues sauvages, ballottés par
le vent, errant sur la longue terre américaine, et
que j'aurais voulu fuir avec eux, moi aussi, sans me
retourner, au ras du sol, à la recherche d'un nid,
d'un abri, où j'aurais pu me réfugier lorsque le
pire adviendrait, quand j'avais peur, oui, et
que je me résignais comme tant d'autres
avant moi, car il fallait continuer,
braver les éléments et leurs ténèbres
moites, traverser le chaos, repousser
la raison, approcher cette furie dont
nous ne connaissions ni la taille
ni la puissance, et arracher à son
éphémère existence quelques
secondes d'éternité, cette
poignée d'images salvatrices
qui nous permettraient
d'en finir, pour le
pire et pour le
meilleur, avec cette
histoire.

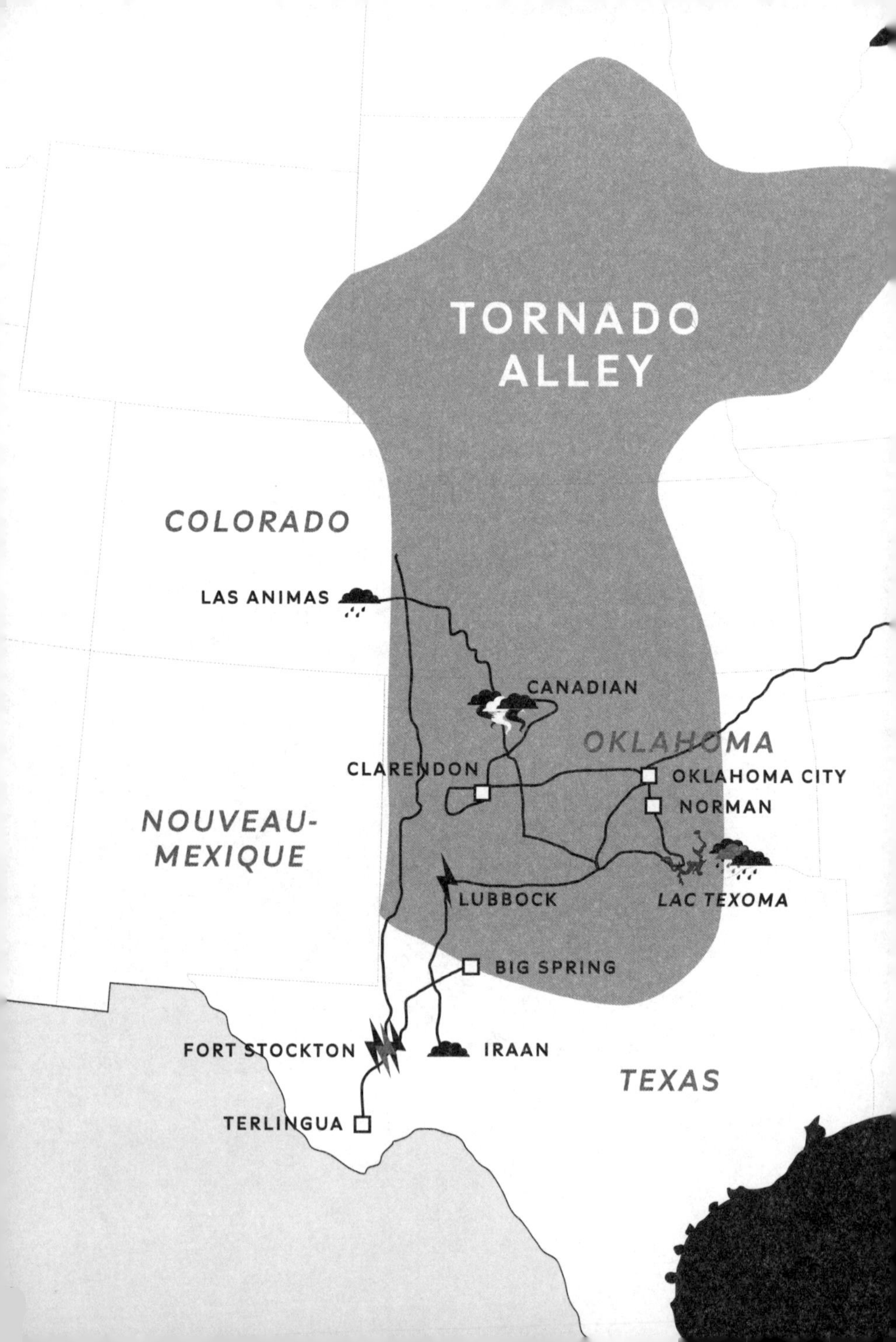
TORNADO ALLEY
COLORADO
LAS ANIMAS
CANADIAN
OKLAHOMA
CLARENDON
OKLAHOMA CITY
NORMAN
NOUVEAU-MEXIQUE
LUBBOCK
LAC TEXOMA
BIG SPRING
FORT STOCKTON
IRAAN
TEXAS
TERLINGUA

CHICAGO
SPRINGFIELD
400 km

AUX ÉDITIONS MARCHIALY

JAKE ADELSTEIN,
Tokyo Vice
Le Dernier des yakuzas
J'ai vendu mon âme en bitcoins
Tokyo Detective

CRISTIAN ALARCÓN,
Que ma mort soit une fête

SINAR ALVARADO,
Portrait d'un cannibale

NOÉ ÁLVAREZ,
10 000 km

JORGE ENRIQUE BOTERO,
Attends-moi au ciel, capitaine

SEBASTIAN CASTELIER ET QUENTIN MÜLLER,
Les Esclaves de l'homme-pétrole

JEAN-CHARLES CHAPUZET,
Mauvais plan sur la comète
Du bleu dans la nuit

ÉLISE COSTA,
Les Nuits que l'on choisit

JOHN DANALIS,
L'Appel du cacatoès noir

TIMOTHÉE DEMEILLERS ET GRÉGOIRE OSOHA,
Voyage au Liberland

MARINE DUMEURGER,
Le Prince de Kalmoukie

SONIA FALEIRO,
The Good Girls

ARMAND GATTI,
Envoyé spécial dans la cage aux fauves

MANON GAUTHIER,
Les Pièces manquantes
Les Fantômes du lac

A. KENDRA GREENE,
Le Musée de la Baleine (que vous ne verrez jamais)

ALMA GUILLERMOPRIETO,
La Révolution, la danse et moi

ALLISON HOOVER BARTLETT,
L'Homme qui aimait trop les livres

KIRK WALLACE JOHNSON,
Le Voleur de plumes

THOMAS JUSQUIAME,
Circulez

KAPKA KASSABOVA,
Lisière
L'Écho du lac
Élixir

JAY KIRK,
Esquive le jour

RAPHAËL KRAFFT,
Les Enfants de la Clarée
Radio Surobi

JESSICA J. LEE,
Deux arbres, une forêt

ROMAIN LESCURIEUX ET ANTONIN VABRE,
La Montagne inversée

KARIM MADANI,
Jewish gangsta
Tu ne trahiras point

RAPHAËL MALKIN,
Le Rugissant
Lieutenant Versiga

JUAN PABLO MENESES,
La Vie d'une vache
Le Prodige
Un dieu à soi

CARLES PORTA,
Tor

MIGUEL PRENZ,
La Guerre des dinosaures

EVAN RATLIFF,
Disparaître dans la nature

ALBERTO SALCEDO RAMOS,
L'Or et l'Obscurité

ANJAN SUNDARAM,
Kinshasa jusqu'au cou
Bad News
Fracas

TAINA TERVONEN,
Les Fossoyeuses
Les Otages

TITAŸNA,
Une femme chez les chasseurs de têtes
Les Ratés de l'aventure

APARECIDA VILAÇA,
Paletó et moi

SIMON WORRALL,
Le Faussaire de Salt Lake City

RÉMI YANG,
Roses d'acier

Parce que le roseau plie, mais ne rompt pas, nous avons voulu ce livre robuste et souple. Papier Old Mill Bianco pour la couverture et Munken Print White à l'intérieur. Guillaume Guilpart a imaginé, dessiné et gravé l'illustration de couverture sans se retourner.

Un dernier conseil : gardez bien ce livre à portée de main les soirs de tempête.

Mise en pages : Studio Abble
Dépôt légal : août 2024
Achevé d'imprimer en avril 2024 par Aubin
Numéro d'impression 2401.0010
Imprimé en France
ISBN : 978-23-81340-52-4